J. Schulz

Klassische Schullektüre
Herausgeber: Ekkehart Mittelberg

E.T.A. Hoffmann

Das Fräulein von Scuderi

Unterrichtskommentar
von Ekkehart Mittelberg und Dieter Seiffert

Cornelsen

INHALT

Die Seitenverweise in diesem Heft beziehen sich auf den Schülerband (SB).

Umschlaggestaltung: Matthias Mantey
Technische Umsetzung: Enev Design & Consulting, Berlin

www.cornelsen.de

2. Auflage, 1. Druck 2009/06

Druck: CS-Druck CornelsenStürtz, Berlin

ISBN 978-3-464-12126-9

Inhalt gedruckt auf säurefreiem Papier aus nachhaltiger Forstwirtschaft.

INTERPRETATION

Das Fräulein von Scuderi ist eine detektorische Künstlernovelle, die zur Zeit Ludwigs XIV. in Paris spielt. Bisher vorliegende Interpretationen kennzeichnen die Erzählung unterschiedlich als Kriminalerzählung, als Detektivgeschichte oder als Künstlernovelle. Um die Novelle einleuchtend zu charakterisieren, ist es sinnvoll, sich vorher ihrer verschlungenen Handlungsführung durch eine Analyse des Aufbaus zu vergewissern.

1 Der Aufbau

Mit Klaus Kanzog[1] sehen wir die Handlung der Novelle in sechs Situationen aufgebaut. Die folgende Aufbauskizze soll bereits verdeutlichen, dass Hoffmann mit seiner Erzählung in der Hauptsache weder eine Detektivgeschichte schreiben noch einen außerordentlichen Rechtsfall darstellen wollte.

1. Eine dramatische Exposition am Anfang (SB, S. 13, Z. 1 – S. 17, Z. 18) versetzt den Leser in eine unheimliche Stimmung. Zur Mitternachtsstunde begehrt ein junger Mann ungestüm Einlass, weil er auf Tod oder Leben das Fräulein von Scuderi sprechen will. Beim Eintreffen der Marechaussee verlässt er jedoch fluchtartig das Haus und hinterlässt ein rätselhaftes Kästchen und ein „besonderes Geheimnis", das er dem Fräulein aufdecken wollte. Der Leser muss annehmen, dass der Unbekannte es auf das Leben der Scuderi abgesehen hatte.
2. Es folgt eine epische Exposition, mit der Hoffmann die Spannung weiter steigert (SB, S. 17, Z. 19 – S. 24, Z. 29). In diesem Handlungsteil geht es um eine Serie von Giftmorden und Juwelenraubmorden. Während der Ermittlungsbeamte der Marechaussee, Degrais, Erstere klären kann, tappt er bei der Aufklärung der Juwelenraubmorde im Dunkeln. Verdächtige müssen sich vor der schrecklichen inquisitorischen Chambre ardente mit deren Präsidenten la Regnie verantworten. Als dem König im Namen der durch die Juwelenräuber gefährdeten Liebhaber eine Supplik überbracht wird mit der Bitte, die Galanterie wirksam zu schützen, wird die dabei anwesende Scuderi vorgestellt, die mit einem ritterlichen Distichon

   „Ein Liebhaber, der die Diebe fürchtet,
ist der Liebe nicht würdig."

   die Bittsteller entlarvt. Der Leser ahnt jetzt, dass der König an der Lösung der rätselhaften Novelle mit dem Untertitel *Erzählung aus dem Zeitalter Ludwigs des Vierzehnten* beteiligt sein wird.
3. Die eigentliche Handlung (SB, S. 24, Z. 30 – S. 33, Z. 17) beginnt mit dem Öffnen des Kästchens durch die Scuderi und mit dem Lesen des verhängnisvollen Zettels, den sie als Antwort der Juwelendiebe auf ihr Distichon verstehen muss. Dadurch wird auch die Verbindung zu den beiden Expositionen hergestellt. In den

1 Klaus Kanzog: E.T.A. Hoffmanns Erzählung „Das Fräulein von Scuderi" als Kriminalgeschichte. – In: Mitteilungen der E.T.A. Hoffmann-Gesellschaft 11 (1964), S. 1 – 11

Gemächern der Marquise de Maintenon drängt der Goldschmied Cardillac das Fräulein von Scuderi mit allen Mitteln, den Inhalt des Kästchens, den von ihm gefertigten Schmuck, als Geschenk anzunehmen, wobei Cardillac auf rätselhafte Weise verzweifelt ist. Die Auslegung dieser Verzweiflung durch die Maintenon, der Goldschmied sei in das Fräulein von Scuderi verliebt, und die Unterschrift des Zettels mit „die Unsichtbaren" führen den Leser aber auf eine falsche Spur. Er vermag noch nicht zu erkennen, dass in dem Schmucksymbol und in dem Verhalten Cardillacs das zentrale Geheimnis der Erzählung liegt. Er wird jedoch auf den Goldschmied zurückverwiesen, als der in der dramatischen Exposition vorgestellte unselige junge Mann die Scuderi am Pontneuf wiederum mit einem Zettel beschwört, den Schmuck um ihres Lebens willen zu Cardillac zurückzubringen. Ein retardierendes Moment – gesellschaftliche Verpflichtungen hindern die Poetin Scuderi an der Rückgabe des Schmucks – deutet auf eine bevorstehende Katastrophe.

4. Der vierte Teil der Handlung (SB, S. 33, Z. 18 – S. 41, Z. 21) lässt den Leser annehmen, es mit einer Detektivgeschichte zu tun zu haben. Olivier Brusson, der Geselle Cardillacs, ist des Mordes an dem Goldschmied verdächtig. Die Scuderi in der Rolle einer Detektivin wird zwischen der Annahme, dieser sei unschuldig, weil die als reine Unschuld erscheinende Madelon für Oliver bürgt, und zwingenden Indizien gegen Olivier, vorgebracht durch den Präsidenten der Chambre ardente, la Regnie, hin- und hergerissen, kann sich aber der Logik der Argumentation la Regnies nicht entziehen. Vor dem durch Degrais angekündigten Geständnis Oliviers gegenüber der Scuderi allein gilt dieser dem Fräulein als der Mörder Cardillacs.
5. Durch das Geständnis Oliviers, beginnend wie in der dramatischen Exposition mit einem Pochen an der Tür, wird die vermeintliche Detektivgeschichte von der Scuderi weg auf die Figur des Cardillac gelenkt. Indem dessen seelische Abgründe, erzählt durch Olivier, dargelegt werden, leitet Hoffmann seine Erzählung von der Detektion der Verbrechen, die jetzt bereits abgeschlossen ist, in die Künstlerproblematik Cardillacs über. Das bisherige detektorische Erzählen erweist sich als instrumentell, um die Handlungsmotive eines psychopathischen Künstlers als den Kern der Novelle erscheinen zu lassen.
6. In der Künstlerproblematik erschöpft sich jedoch nicht die Intention dieser Novelle. Hoffmann überträgt seine Erfahrungen mit inquisitorischer Rechtsprechung in Preußen nach dem Wiener Kongress 1815 auf das Zeitalter Ludwigs XIV., indem er die vermeintliche Detektivgeschichte zu einem Rechtsfall ausweitet (SB, S. 55, Z. 10 – Schluss). Der Verdächtige Olivier kommt nämlich nicht durch die Rettungsversuche der Scuderi auf formaljuristischer Ebene frei, nicht durch den Brief an la Regnie, nicht durch deren Besuch bei dem Advokaten d'Andilly und nicht durch das Erscheinen des Kronzeugen Graf von Miossens, sondern erst durch einen Gnadenakt Ludwigs des Vierzehnten. Gleichwohl ist der abschließende Rechtsfall eben wegen dieser Einschränkung der formaljuristischen Lösung ebenfalls nicht die zentrale Intention Hoffmanns in seiner Novelle.

„Dieser Handlungsaufbau zeigt, besonders in der fünften Phase, eine Schwergewichtsverlagerung, ein Zurücktreten der kriminalistischen Elemente zugunsten der Rechtsproblematik der Erzählung, die durch die Gnade des Königs in ihrem formaljuristischen Gehalt ebenfalls eingeschränkt wird und auf die von Hoffmann letztlich gemeinte Dämonie des Künstlers Cardillac und seines Werks weist.“[2]
Mit der Aufteilung der Handlung in sechs Situationen wird jedoch der diffizile Aufbau der Erzählung noch nicht deutlich genug. Helmut Himmel[3] hat nachgewiesen, dass sich in ihr drei Teilhandlungen, gleichsam drei Novellen, verzahnen, in deren Mittelpunkt die Scuderi, Cardillac und Olivier stehen. Wir können der kunstvollen Verschlingung und teilweisen Überschneidung der drei Teilhandlungen hier nicht im Einzelnen nachgehen, verdeutlichen jedoch in einer Skizze die raffinierte Komposition der Erzählung. Die Skizze folgt den zuvor erwähnten sechs Situationen und zeigt, an welchen Handlungsorten welche Helden der Teilhandlungen welche Situationen inhaltlich bestimmen.

1. Situation
S. 13, Z. 1. – S. 17, Z. 18
dramatische Exposition:
Haus der Scuderi.
Olivier-Handlung.

2. Situation
S. 17, Z. 19 – S. 24, Z. 29
epische Exposition: Gift- und Juwelenmorde.
Stadt Paris.
Errichtung der Chambre ardente.
Beginn der Scuderi-Handlung mit Epigramm.

3. Situation
S. 24, Z. 30 – S. 33, Z. 17
Haus der Scuderi – Salon der Maintenon – Pontneuf.
Scuderi-Handlung verschränkt sich mit Cardillac-Handlung.

4. Situation
S. 33, Z. 18 – S. 41, Z. 21
vor Cardillacs Haus – Chambre ardente – Conciergerie.
Mord an Cardillac, aber Olivier- und Scuderi-Handlung im Vordergrund.

5. Situation
S. 41, Z. 22 – S. 55, Z. 9
Haus der Scuderi.
Cardillac-Handlung.
Olivier als Erzähler, Scuderi als Zuhörerin.

6. Situation
S. 55, Z. 10 – Schluss
Haus der Scuderi – Kanzlei d'Andillys – Königshof.
Die drei Teilhandlungen verschränken sich; der Rechtsfall wird gelöst.

Betrachtet man die Handlung oder genauer die Erzählstruktur aus größerem Abstand, so kann man mit Himmel[4] von einer Dreiteilung der Erzählstruktur sprechen, jedoch anders akzentuiert, nämlich von der Exposition, die den ersten beiden Situationen entspricht, der Durchführung, die wir schon mit der Schilderung der Martiniere gegenüber der Scuderi beginnen lassen (SB, S. 24) und mit dem Abschluss von Oliviers Bericht beendet sehen (SB, S. 55) (3., 4. und 5. Situation) und von dem Schlussteil.

2 Kanzog, a.a.O., S. 3
3 Helmut Himmel, Geschichte der deutschen Novelle. München 1963, S. 130 f.
4 Himmel, a.a.O., S. 132 f.

Letzterer ist aus inhaltlicher Sicht mehr als eine „Reprise“[5]; denn wichtiger „als die Wiederholung der Themen dadurch, dass das Fräulein sich erst d'Andilly, dann dem König anvertraut“[6], ist die Feststellung, dass die bis dahin detektorische Kriminalerzählung durch die Verlagerung an den Königshof jetzt zu einem Rechtsfall wird, der mit einem Gnadenakt des Königs beschlossen wird.

2 Die Figurenkonstellation

Folgt man dem zuvor dargestellten Aufbau, in sechs Situationen, könnte man meinen, das Fräulein von Scuderi sei die Heldin der Erzählung schlechthin. In der ersten Erzählphase begehrt Olivier Einlass in ihr Haus, in der dritten ist sie in das Problem verwickelt, auf dringliches Bitten Oliviers, den Schmuck, den ihr Cardillac geschenkt hat, diesem zurückgeben zu sollen, in der vierten zweifelt sie nach dem Mord an Cardillac an der Unschuld Oliviers, in der fünften erfährt sie als Zuhörerin die Wahrheit über Cardillac und von Oliviers Mitwisserschaft, und in der sechsten Erzählphase unternimmt sie verschiedene Versuche, Olivier zu retten. Die so an allen Erzählphasen beteiligte Scuderi ist in der Tat struktureller Mittelpunkt der Erzählung, und insofern ist auch der von E.T.A. Hoffmann gewählte Titel gerechtfertigt.
Von der vordergründigen Beteiligung in allen Handlungsphasen ausgehend, könnte man auch die Olivier-Handlung als die zentrale Intention der Novelle betrachten. Zwar steht Olivier in der ersten Situation, wo er der Scuderi sein Geheimnis anvertrauen will, und in der sechsten, wo er durch einen Gnadenakt des Königs gerettet wird, im Vordergrund der Oberflächenhandlung. Auch in der dritten Situation erscheint er als Unbekannter, der der Scuderi den Zettel in die Kutsche wirft, in der vierten wird er zum Hauptverdächtigen an der Ermordung Cardillacs und in der fünften erzählt er Cardillacs Schicksal. Er ist aber nicht mehr als der dritte Held der Erzählung; seine Hauptfunktion besteht darin, die Cardillac-Handlung zu enthüllen. Diese bildet den eigentlichen Kern und die über eine melodramatische Liebesgeschichte hinausreichende Intention der Erzählung. Das wird deutlich, wenn man sich die Konflikte der drei Helden in ihrer Tragweite vor Augen führt.

3 Die Konflikte der Helden

Am einfachsten nachzuvollziehen, wenngleich von tragischem Charakter, ist der Konflikt Oliviers. Indem er sein Wissen über die Morde Cardillacs nicht preisgibt, schützt er dessen Tochter und seine Geliebte Madelon. Dadurch aber, dass er die Morde Cardillacs verschweigt, ermöglicht er deren Fortsetzung, lädt eine Mitschuld auf sich und läuft Gefahr, durch seine Gewissensqualen auch so die Existenz Madelons und seine eigene zu vernichten. Eine äußere Seite des Konflikts ist, dass er, solan-

5 Himmel, a.a.O., S. 132
6 Himmel, a.a.O., S. 133

ge er sich der Scuderi nicht entdecken kann, für einen Spießgesellen der vermeintlichen Juwelenräuber gehalten wird.
Die Scuderi sieht sich mehreren Konflikten ausgesetzt, von denen jedoch keiner die tragische Zuspitzung des Konflikts von Cardillac erreicht. Ein erster Konflikt entsteht durch die Entscheidung, den ihr unter rätselhaften Umständen aufgedrungenen Schmuck Cardillacs anzunehmen und ihn später auf ebenso rätselhafte Aufforderung hin zurückzugeben, ein zweiter dadurch, dass sie entgegen ihren Ahnungen und entgegen ihrem Gefühl die Unschuldsbeteuerungen Madelons und Oliviers in Zweifel ziehen muss, und ein dritter dadurch, in welcher Form, nämlich durch Anlegen des verruchten Schmucks von Cardillac, sie die Gnade Ludwigs XIV. erwecken solle.
Entgegen den Konflikten Oliviers und der Scuderi ist Cardillacs Konflikt, der sich auf verschiedene Weise beschreiben lässt, viel tiefgreifender deswegen, weil seine Willensfreiheit bei seinen Versuchen, sich wieder in den Besitz der von ihm gefertigten Schmuckstücke zu bringen oder diesen Trieb einzudämmen, weitgehend durch pränatale Prägung („böser Stern"), nämlich durch das Verlangen seiner Mutter nach Schmuck, ausgeschlossen ist. Schönste Kunstwerke zu fertigen und diese für immer öffentlicher Entweihung zu entziehen, das heißt aber, sie den Händen Unwürdiger zu entwinden, ist ein dämonischer Trieb, von dem Cardillac besessen ist, ein Trieb, der ihn vor Morden letztlich nicht zurückschrecken lässt, obwohl er alles unternimmt, den Schmuck erst gar nicht in die Hände von „Philistern" gelangen zu lassen, des Mitleidens und des Erbarmens mit seinen Opfern also sehr wohl fähig ist (SB, S. 51, Z. 10 ff). E.T.A. Hoffmann schildert damit die Existenz eines schizophrenen Künstlers, eines Psychopathen der Kunst, in ihrer tragischen Unausweichbarkeit. Aber, und das wird in der Sekundärliteratur oft verkannt, es ist nicht der Konflikt eines Menschen, der sich „hinter der Fassade bürgerlicher Wohlanständigkeit"[7] verschanzt. Vor seinem eigenen Gewissen verschmäht Cardillac nicht bürgerlich zu nennende Wertvorstellungen und Rituale der Feudalgesellschaft wie Ehrlichkeit, Solidität und Fleiß, selbst Abendgebete nicht, weil er sich diesen Kriterien enthoben wähnte. Er glaubt im Gegenteil an Reinheit und Tugend, weshalb er gerade durch die Überreichung seines schönsten Schmuckstücks an die tugendhafte Scuderi seinem unseligen Trieb zu entrinnen hofft. Wenn Müller-Seidel gar Besitzgier an Cardillac entdeckt („denn Reichtum und Besitz sind Cardillac nicht nebensächliche Dinge"[8]), so verkennt er gerade, dass Cardillac als Künstler die Besitzgier seiner Mutter in Verfallenheit an das Schöne umgewandelt hat. Gold ist für ihn nur der Rohstoff zu seinen Werken, und dass er seine Tochter nicht dem armen Olivier zur Frau geben mag, ist auch nicht als Besitzgier zu verstehen, sondern als Absicht, seinen treuen Gehilfen nicht an sein verhängnisvolles Leben zu binden. Alles das, was Cardillac dem bürgerlichen Leben verpflichtet

7 Walter Harich (Hrsg.): E.T.A. Hoffmann: Dichtungen und Schriften sowie Briefe und Tagebücher, Bd. 2: Die Meistererzählungen. Weimar 1924, S. XI f.

8 Nachwort Müller-Seidels zu E.T.A.Hoffmann: Die Serapions-Brüder. München 1963, S. 1016

zeigt, ist nur die eine Seite eines echten Konflikts zwischen Bürgerlichkeit und Kunstbesessenheit, die, unter einem Fluch stehend, bürgerlicher Ethik nicht folgen kann. Was Zeitgenossen eher als ein pathologisches Kunstwerk erschien, Mörder aus unentrinnbarer Kunstbesessenheit, vermögen wir mit heutiger psychologischer Schulung auch ohne die instrumentelle Erzählung Hoffmanns von Cardillacs pränataler Prägung zu verstehen. Aus heutiger Sicht ist Cardillacs Trieb, seine Schöpfung bei sich behalten zu wollen, dem er durch die Überreichung des schönsten Schmuckes an die Scuderi zu entkommen hofft, das Krankheitsbild einer „Manie ohne Wahn“[9]. Dass Cardillac in Momenten des Mitleidens mit seinen Opfern die Tragweite seines Handelns erkennt und sich zugleich die Unüberwindbarkeit des dämonischen Triebes eingestehen muss, seinen Konflikt also in allen Momenten durchleidet, macht die unerhörte Modernität seines Konflikts aus, über den sich 1820 noch eine so aufgeklärte Frau wie Rahel Varnhagen erheben zu können glaubte: „Der Goldschmied ist der größte Künstler, weil er ein Juwelenfresser schon im Mutterleib werden musste. Wie hideux [abscheulich], krankhaft, unnütz und ohne allen sittlichen Grund und Kampf eigentlich! Wie ein Wasserscheuer, dem man das Beißen verzeihen muss.“[10]

4 *Das Fräulein von Scuderi* als Detektivgeschichte?

Die Frage, ob *Das Fräulein von Scuderi* eine Kriminalgeschichte oder eine Detektivgeschichte ist oder Elemente beider Genres enthält, interessiert uns nicht unter der Thematik, die die bisherige Fachdiskussion bestimmt hat, ob nämlich die Detektivgeschichte eine Erfindung der Aufklärung oder der Romantik sei. Wir greifen die Frage nach dem Genre vielmehr unter dem Gesichtspunkt auf, dass *Das Fräulein von Scuderi* ein vielschichtiges Kunstwerk ist, das je nach Interesse und Bildungsgrad der Leser auf verschiedenen Ebenen rezipiert werden kann. Wir legen zugrunde, dass bedeutende Kunstwerke ihren Lesern unterschiedliche Ansatzpunkte der Interpretation bieten, und wollen mit der Frage nach der Textsorte die Novelle Hoffmanns als komplexes Kunstwerk mit legitim unterschiedlichen Interpretationsmöglichkeiten in den Blickpunkt rücken.

Unbestreitbar ist erstens, dass *Das Fräulein von Scuderi* von einem gattungstypologisch wenig interessierten Leser als spannende Liebesgeschichte gelesen werden kann, in der dem Fräulein die Rolle zukommt, durch einen Sieg über die in Paris herrschende Angst Olivier den Inquisitoren der Chambre ardente zu entziehen und die Liebe zwischen ihm und Madelon zu einem glücklichen Ende zu führen.

Der an den Aktionsmomenten einer Kriminalgeschichte interessierte Leser weiß seit Klaus Kanzog[11], dass *Das Fräulein von Scuderi* „weder ausschließlich Kriminalgeschichte noch Detektivgeschichte“ ist, dass die Novelle Elemente von beiden Textsor-

9 Vgl. Alfred Hoffmann: E.T.A. Hoffmann. Leben und Werk eines preußischen Richters. Baden-Baden 1990, S. 75 ff.

10 Rahel. Ein Bild des Andenkens für ihre Freunde. Berlin 1834, Bd. 3, S. 15

11 Kanzog, a.a.O., S. 307 ff.

ten enthält und also sowohl als Kriminalgeschichte unter dem Gesichtspunkt der Teilnahme an einer sich weiterentwickelnden kriminellen Handlung – Cardillacs Morde werden während der Handlung fortgesetzt – als auch insbesondere mit Vergnügen an der kriminalistischen Erzählform als einer offenen Form rezipiert werden kann. Die Mittel des Erzählens stehen auf dieser Rezeptionsebene im Vordergrund: „Die von Hoffmann verwandten Mittel sind in den Sensationsromanen der Zeit vorgeprägt; ihre Grundelemente sind ‚Reiz' und ‚Stimmung', ‚Spannung' und ‚Befriedigung'. Es wird deutlich, dass Hoffmann diese Elemente aus ihrer Trivial-Sphäre herausgelöst und sie [...] als Bedeutungsträger aufgefasst hat. Im Unterschied zum Sensationsroman, der diese Elemente assoziativ aneinanderreiht und dadurch zu immer neuen Konzeptionsänderungen des Werks gezwungen wird, hat er sie einer bestimmten Funktion untergeordnet, die ein Verselbstständigen der Wirkungsmomente von vornherein ausschließt."[12] Wir stellen fest: Wenn auch mit gattungstypologischem Aufhänger gilt das von Kanzog initiierte Leserinteresse primär der Komposition des sprachlichen Kunstwerks.

Dass *Das Fräulein von Scuderi* drittens insbesondere mit dem Blick auf die Künstlerproblematik gelesen werden kann und Hoffmanns Intention entsprechend auch so rezipiert werden muss, haben wir bereits in der Analyse von Cardillacs Konflikt dargelegt.

Viertens interessiert uns aber noch, inwieweit Hoffmanns Novelle einer vierten Aneignungsform gerecht wird, dem spezifischen Vergnügen des Rezipienten von Detektivgeschichten. Dazu müssen wir auf eine alte Streitfrage der Hoffmann-Forschung zurückkommen. Richard Alewyn[13] hat bekanntlich eine intensive Diskussion darüber ausgelöst, ob die Novelle im engeren Sinne als Detektivgeschichte verstanden werden muss. Anders als Alewyn kommt Gisela Gorski[14] 1981 unter Beachtung idealtypischer Merkmale des Genres zu dem Ergebnis, dass *Das Fräulein von Scuderi* in strengem Sinne keine Detektivgeschichte ist und dass weiterhin Edgar Allen Poe als deren Begründer angesehen werden muss. Sie stellt jedoch fest, dass die Novelle der Mehrheit der Kriterien von Detektivgeschichten genügt, sodass mindestens von detektorischem Erzählen die Rede sein kann. Gorskis Befunde sollen hier in knappster Form referiert werden, um wenigstens die zuletzt genannte These zu erhärten. Ihre Ausgangsdefinition der Detektivgeschichte lautet: „Im Gegensatz zum Kriminalroman beschäftigt sich die Detektivgeschichte mit einem schon [...] begangenen Verbrechen, dessen Täter durch methodische Anwendung von Deduktion und Intuition ermittelt wird."(S. 1)

a) Ihre erste Frage gilt dem Detektiv in Hoffmanns Novelle. „Ein eindeutiger Detektiv, [...] der als Gattungsträger aufgefasst werden könnte" (S. 3), lässt sich je-

12 Kanzog, a.a.O., S. 321

13 Richard Alewyn: Ursprung des Detektivromans. R.A.: Probleme und Gestalten. Essays. Frankfurt/Main 1974, S. 341 – 360

14 Gisela Gorski: Das Fräulein von Scuderi als Detektivgeschichte. – In: Mitteilungen der E.T.A.-Hoffmann-Gesellschaft, 27. Heft (1981), S. 1 – 15

doch nicht finden. Die wichtigsten Argumente dafür lauten, dass das Fräulein sich bei ihrer Suche nach dem Täter vom Gefühl leiten lasse, nicht von Analyse und Deduktion. Die Scuderi tritt nicht von außen aktiv an den Fall heran. „Alles wird ihr ohne ihr direktes Zutun ins Haus gebracht: der Schmuck, das Geständnis Oliviers und der Mörder Cardillacs. Sie verhält sich also völlig passiv." (S. 4). Sie sei also ein „Detektiv wider Willen" (Reinert).

b) Die Polizei, zum Beispiel la Regnie, der die Scuderi von der Schuld Oliviers zu überzeugen versucht, verhalte sich jedoch schon im Sinne detektivischer Beweisführung (vgl. S. 5). Indem jedoch die inquisitorischen Untersuchungen der Polizei gesellschaftskritisch dargestellt würden, sei die Erzählung mehr als ein Detektivroman (vgl. S. 6). Gorski hebt indes hervor, dass eine rationale Analyse der Polizei an den psychopathologischen Verbrechen des Cardillac scheitern müsse.

c) Ein drittes klassisches Kriterium der Detektivgeschichte wird vollständig eingelöst, denn „Cardillac ist von Hoffmann als unverdächtiger Schuldiger konzipiert worden, unverdächtig, weil er als der ‚rechtlichste Ehrenmann' bekannt, ‚der alle Tugenden des treuen, zärtlichen Vaters, des guten Bürgers' erfüllt". (S. 7) Gorski erwähnt auch zahlreiche Hinweise darauf, dass er desungeachtet als Täter in Betracht kommen kann. Dies muss selbstverständlich in jeder guten Detektivgeschichte sein, weil in der Wahrnehmung solcher versteckter Hinweise das intellektuelle Vergnügen des Lesers liegt. Die Erzählung arbeitet zwar mit dem unverdächtigen Schuldigen, weicht jedoch originell von dem gängigen Schema der Detektivgeschichte ab, „denn der Täter erscheint hier aus dem sonst üblichen Verdächtigenkreis herausgelöst: Der Ermordete ist der Schuldige". (S. 8)

d) Auch ein viertes Kriterium der Detektivgeschichte, „Der verdächtige Unschuldige", wird erfüllt. Keine Frage, dass das Olivier ist; denn bis zu dessen Aufdeckung der Schuld Cardillacs gegenüber der Scuderi muss diese und mit ihr der Leser Olivier für den Hauptverdächtigen halten.

e) Gestützt auf Rainer F. Schönhaar[15] untersucht Gorski, inwieweit Formen des detektorischen Erzählens in der Novelle Hoffmanns vorhanden sind. Der methodische Ansatz Schönhaars sei nur stichwortartig skizziert: 1. Kriminalfrage nach dem Täter. 2. Erzählte Gegenwart, die auf die Schlussphase konzentriert ist. 3. Wenn die erzählte Gegenwart auf eine kurze Zeitspanne zusammengedrängt ist, ergeben sich notwendig Rückwendungen. 4. Die aufbauende Rückwendung führt zur Verrätselung des Geschehens. 5. Die auflösende Rückwendung bringt Enträtselung. 6. Versteckte Vorausdeutungen wechseln mit falschen Spuren und führen zum Hauptwendepunkt des Geschehens, zum denouement. Indem Gorski diese Kriterien als weitgehend erfüllt nachweist, kommt sie zu dem für uns wichtigen Befund: „Nach den bisherigen Untersuchungen zeigt sich, dass Hoffmann, wenn auch nur in Ansätzen, die klare Struktur der Detektivgeschichte zwanzig Jahre vor Edgar Allan Poe realisiert hat, wobei natürlich nicht zu übersehen ist, dass diese Verwandtschaft sich besonders aus den Kompositionstechniken, dem detektori-

15 Rainer F. Schönhaar: Novelle und Kriminalschema. Marburg 1965, S. 193 ff.

schen Erzählen und dem umgestellten Ursache-Wirkungs-Prinzip ergibt." (S. 12)

f) Dass *Das Fräulein von Scuderi* letztlich und im umfassenden Sinne keine Detektivgeschichte ist, weist Gorski unter dem Stichwort ‚Verbrechen' nach. Wir erinnern uns an ihre Begriffsdefinition der Detektivgeschichte, die rationale, analytische, detektorische Aufklärung des Verbrechens beinhaltet. Diesen Kriterien genügt die Novelle Hoffmanns nicht: „Der Kriminalfall in der Erzählung thematisiert in transparenter Weise die menschliche Natur als etwas Unenträtselbares" und zeigt damit „geradezu das Aussetzen der Ratio vor dem Unheimlichen eines irrationalen Verbrechens".[16] Wir kommen zu unserer Ausgangsfrage nach den Aneignungsebenen zurück und beantworten sie damit, dass *Das Fräulein von Scuderi* durch die weitgehend erfüllte Struktur der Detektivgeschichte als detektorische Erzählung auch den Leser anspricht, dessen Vergnügen im ständigen Enträtseln neuer Verwirrungen besteht.

5 *Das Fräulein von Scuderi* als Künstlernovelle

Es verdient noch eine genauere Untersuchung, inwieweit die Erzählung als Künstlernovelle gelesen werden kann. Diese Frage zu stellen heißt zuerst, sich darüber klarzuwerden, wieweit das Fräulein als Künstlerin verstanden werden muss. Eindeutig ist, dass sie als Dichterin am Hofe Ludwigs XIV. einen guten Ruf genießt und in dieser Funktion auch häufiger dort weilt. Als sie die ellenlangen Tiraden in der Bittschrift der galanten Liebhaber an den König mit ihrem Epigramm ad absurdum führt, ist der König über den ritterlichen Geist ihres Distichons geradezu entzückt. Die Scuderi selbst hat keine hohe Meinung von ihrer Kunst, die sie als nur mittelmäßig beurteilt: „Wem kann was an dem Tode liegen einer Person von dreiundsiebzig Jahren, die niemals andere verfolgte als die Bösewichter und Friedensstörer in den Romanen, die sie selbst schuf, die mittelmäßige Verse macht, welche niemandes Neid erregen können, [...]." (SB, S. 25, Z. 5–7)

Wenn man aus heutiger Sicht die Dichterin Scuderi als Künstlerin beurteilt, ist man allzu leicht geneigt, sie an einem Kunstideal zu messen, das seit dem Sturm und Drang vorherrscht, das nämlich von der Kunst Originalität, Gesellschaftsbezogenheit und damit auch Verantwortung verlangt. Man vergisst, dass die französische klassische Dichtung des 17. Jahrhunderts um Racine eine höfische Kunst war, deren Wettbewerbscharakter sich nur auf einen schmalen Ausschnitt der Gesellschaft bezog und deren panegyrische Verse noch weitgehend dem antiken Kunstideal der imitatio verpflichtet waren.

Schönheit äußerte sich in Treffsicherheit, Witz und Anmut von Versen. Und bei aller Selbstkritik des Fräuleins muss der historisch denkende Leser, was die Künstlerschaft der Scuderi angeht, es schon ernst nehmen, wenn es im Text heißt: „Genug, der König lachte bis ins Innerste hinein und schwur, dass Boileau-Despréaux seinen Meister ge-

16 Horst Conrad: Die literarische Angst. Das Schreckliche in Schauerromantik und Detektivgeschichte. Düsseldorf 1974, S. 109 und S. 111

funden, weshalb der Scuderi Gedicht für das Witzigste galt, das jemals geschrieben." (SB, S. 31, Z. 42 – S. 32, Z. 2) Will man aber die Wandlung der Scuderi weg von artifizieller Kunst hin zum Widerstand gegen die Chambre ardente und zu praktischer Verantwortung für das Leben des Olivier und der Madelon richtig verstehen, so ist es andererseits auch wichtig, die unterschwellige Kritik Hoffmanns an dem l'art pour l'art der höfischen Kunst des 17. Jahrhunderts zur Kenntnis zu nehmen, in der bezeichnenderweise nicht von Inhalten die Rede ist, sondern von der Wirkung auf den anderen in Verbindung mit dem Verb „schlagen": „Kaum hatte la Chapelle die Szene eines Trauerspiels geendet und schlau versichert, dass er nun wohl Racine zu *schlagen* gedenke, als dieser selbst eintrat und ihn mit irgendeines Königs pathetischer Rede zu Boden *schlug* [Hervorhebungen durch Verf.]" (SB, S. 33, Z. 10 – 12)[17] Nur auf der Grundlage, dass das Fräulein von Scuderi in dieser auf äußere Effekte abgestellten Kunst eine führende Rolle spielt, kann sie eine Wandlung von der brillanten Hofpoetin zu einer Menschlichkeit vollziehen, die bereit und in der Lage ist, Verantwortung für Unschuldige zu empfinden und den bedrückenden Schritt zu tun, angetan mit dem verruchten Schmuck Cardillacs, den König um Gnade zu bitten. Nach dieser Wandlung ist sie eine Künstlerin mit Substanz, die durchaus Einsicht in die oberflächliche Galanterie mit der Goldschmiedsbraut hat, aber dieses Mittel nicht verschmäht, um ihre Schutzbefohlenen zu retten. Für das letzte Drittel der Novelle stößt die aus heutiger Sicht, also unhistorisch, auf die Hofpoetin bezogene Kritik von Josef Kunz ins Leere: „Für einen solchen Anspruch [eine mit Cardillac vergleichbare Künstlerin zu sein – Anm. Verfasser] ist die Gestalt der Scuderi zu substanzlos, gelegentlich sogar von einer Nichtigkeit, die man mehr als einmal albern und banal zu nennen versucht ist."[18]

Die andere Künstlergestalt in Hoffmanns Novelle ist Cardillac. Es ist offensichtlich, dass der Zwiespalt des Goldschmieds deswegen in eine tiefere Dimension reicht als die Konflikte der Scuderi, weil dessen Leben als Künstler und als Bürger unversöhnlich aufeinanderprallen. Während die Scuderi ihren Konflikt durch Wandlung der Persönlichkeit und durch den Gnadenakt des Königs zu lösen vermag, bleibt Cardillac dem Fluch verhaftet, sich immer wieder in den Besitz der von ihm geschaffenen Kunstwerke bringen zu müssen, ohne zu der Erkenntnis zu gelangen, dass ein Kunstwerk, ist es erst einmal geschaffen, nicht dem Künstler, sondern der Gesellschaft gehört. Die Tragik des Künstlers Cardillac ist eine fortwährende Identitätskrise, die er nur mit wirklich freiem Willen durch Verzicht lösen könnte. Ohne seine psychopathische Veranlagung könnte er in dem Schöpfungsprozess erstklassiger Kunst seine Identität erfüllt sehen. Dass er seine Kunst von Philistern entweiht glaubt und dass er zwischen seinen Triebschüben Mitleid mit künftigen potenziellen Mordopfern hat, trifft nicht den Kern seiner fragwürdigen Künstlerexistenz. Es ist auch nicht die Tatsache, dass er in den von ihm geschaffenen Kunstwerken sein Genie manifestiert sieht und dass diese ihm zum Symbol seines Künstlertums werden. Der verhängnisvolle Irrtum besteht

17 Vgl. Walter Müller-Seidel, a.a.O., S. 1015

18 Josef Kunz: Die deutsche Novelle zwischen Klassik und Romantik. Berlin 1966, S. 91

darin, dass er meint, sie materiell besitzen zu müssen. Selbstverständlich ist dies weder die Besitzgier eines gewöhnlichen Diebes noch die sublimierte Habsucht eines Sammlers. Cardillac weiß, dass erstklassige Kunstwerke als Symbole mehr als gestaltete Materie sind, aber gerade deswegen kann er sich von dieser durch ihn selbst veredelten Materie nicht trennen.

6 Der Schluss der Novelle

Wir setzen den Schluss der Novelle mit der Textstelle an: „Nun kam es darauf an, den König anzugehen, und dies war der schwierigste Punkt [...]" (SB, S. 59, Z. 3) Wir haben bereits erwähnt, dass man die Novelle als Liebesgeschichte rezipieren kann, und gerade der am Schicksal Madelons und Oliviers interessierte Leser kann leicht über die weniger offensichtlichen Schwerpunkte des Schlusses hinweglesen. Hier wird nämlich erst die eigentliche Größe der Scuderi offenbar, die nach ihrer Wandlung alles andere als „substanzlos" (Kunz) ist. Ferner wird Ludwig XIV., den der Leser bis dahin nur als galanten Sonnenkönig erlebt hat, als sympathisch staatskluger Mann vorgestellt, und schließlich erfährt man, wie der Autor die Schuld Cardillacs bewertet haben will.

Die Scuderi, die den Freispruch Oliviers und Madelons erwirken will, sieht sich vor erhebliche Schwierigkeiten gestellt, denn der König hegt gegenüber Brusson solchen Abscheu, „dass er, nur leise erinnert an den berüchtigten Prozess, in den heftigsten Zorn geriet" (SB, S. 59, Z. 5–7). Folglich kann die Scuderi, unerfahren auf diplomatischer Bühne, ihr Ziel nur mit einer gut durchdachten Strategie erreichen. Verkleidet als Goldschmiedsbraut tritt sie vor den König (vgl. SB, S. 59). Der König begegnet mit Galanterie diesem Auftreten der Scuderi, die ihrerseits zum Schein das bis dahin zwischen ihnen übliche anmutige Spiel fortsetzt (vgl. SB, S. 59). Sie versteht es, ihre Worte so geschickt zu setzen, dass der König „hingerissen" teilnimmt, ohne sich dessen bewusst zu werden, dass von dem Prozess des Olivier Brusson die Rede ist. Die tugendhafte Scuderi verschmäht durchaus nicht taktische Züge. Anlässlich einer Unterbrechung, die bei einem Vergleich Madelons mit der Vallière eintritt, heißt es: „[...] einmal überrascht, mochte der König sich hüten, in die gestellte Falle zum zweiten Mal zu gehen" (SB, S. 60, Z. 7/8). Die Bußfertigkeit und Frömmigkeit der Vallière, einer ehemaligen Mätresse des Königs, die inzwischen Klosterfrau ist, „peinigt" den galanten König (SB, S. 61, Z. 2).

Er will jetzt durch die Chambre ardente recherchieren lassen und gewinnt dadurch Profil als staatskluger und gewissenhafter Herrscher. Es hat also nicht nur mit der Steigerung der Handlungsspannung zu tun, dass die Scuderi den König nicht gleich im ersten Anlauf zu einem Gnadenakt überreden kann. Aus der Praxis E.T.A. Hoffmanns als Kammergerichtsrat in Berlin ist bekannt, dass dieser sich als „Mit-Commissarius" in der „Untersuchungskommission", der „Immediat-Commission", mit damals so genannten demagogischen Umtrieben der liberalen akademischen Jugend zu befassen hatte. Angesichts des vermeintlichen „liberalen Chaos" genügte schon der

Verdacht kritischer Gesinnung gegenüber dem absolutistisch-preußischen Staat, um ähnlich wie die Chambre ardente in Hoffmanns Novelle mit Rechtsbeugungen den Verdächtigen zum Schuldigen zu machen. Es besteht Einigkeit in der Hoffmann-Forschung darüber, dass Hoffmann die von der Chambre ardente verbreitete Angst deshalb in so schrecklichen Farben schilderte, um durch eine historische Verlagerung in das absolutistische Frankreich um 1680 auf die seit 1812 zu beobachtenden polizeistaatlichen Rechtsbeugungen in Preußen aufmerksam zu machen, die ihren sichtbarsten Ausdruck in der Reaktion auf das Wartburgfest (1817) und in den Karlsbader Beschlüssen (1819) fanden. „Sein Bild des französischen ancien régime ist geprägt von der Restauration der alten feudalen Strukturen in einer Zeit, die über diese längst hinweggeschritten war. Deswegen heißt sein La Regnie eigentlich von Kamptz, und zwar noch bevor Hoffmann diesem Demagogenverfolger persönlich unterstellt wurde. Die Kritik an der Polizei, ihrem Einsatz und ihren Methoden ist die Kritik Hoffmanns an dem Apparat, in dem er dann selbst als Funktionär Dienst machte.“[19]

Dass Ludwig XIV. nun die Chambre ardente den wahren Zusammenhang der Ermordung Cardillacs genau überprüfen lässt, obwohl la Regnie „das Opfer, das ihm entrissen werden sollte, zwischen den Zähnen“ (SB, S. 61, Z. 34) festhalten will, legt die Vermutung nahe, dass Hoffmann in der Charakterisierung des gewissenhaften Königs dem absolutistischen Preußen eine Möglichkeit aufzeigen will, wie die Wirkung von Fanatikern, beispielsweise des von ihm im *Meister Floh* als Knarrpanti karikierten Ministerialdirektors von Kamptz, eingedämmt werden könnte.

Eine Interpretation, die sich damit vereinbaren lässt, ist jene, dass das von der Scuderi erfochtene glückliche Ende für Olivier und Madelon nicht nur einer Überredungsstrategie zu verdanken ist, sondern von dem König als Gnadenakt verantwortet werden kann, der sich mit dem Recht im Einklang befindet. Daneben kann Hoffmann noch die durch die Recherchen des Königs eingetretene Unterbrechung dazu verwenden, die Scuderi als alleinige Siegerin in dem komplizierten Rechtsfall erscheinen zu lassen; denn nachdem der Name der Vallière einmal gefallen und der reizbare König dadurch an eine alte Liebesbeziehung erinnert worden war, hatte die Scuderi von dem Beistand der Maintenon nichts mehr zu hoffen (vgl. SB, S. 61). So begegnet uns die Scuderi, über die Anerkennung als Dichterin hinaus, die wir am Anfang erfahren haben, am Schluss als vom König bewunderter „Parlamentsadvokat“ (SB, S. 62, Z. 9), dessen Beredsamkeit und Tugend Ludwig XIV. gleichermaßen bewundert. Schließlich wird die Scuderi noch von Olivier als seine „Mutter“ bezeichnet (SB, S. 62, Z. 25) und wird so über jeden Zweifel erhaben als menschlich integre Persönlichkeit dargestellt.

Die letzte Anspielung Hoffmanns gilt jedoch Cardillac. Eine öffentliche Bekanntmachung, die sowohl von einem hohen geistlichen Würdenträger, dem Erzbischof von Paris, als auch von dem angesehenen Parlamentsadvokaten Arnoud d'Andilly ge-

19 Margret Fingerhut/Karl-Heinz Fingerhut: Zwischen Romantik und Realismus. E.T.A. Hoffmann: „Das Fräulein von Scuderi“. Lehrerband. Stuttgart 1980, S. 40 – Vgl. auch Winfried Freund: Die deutsche Kriminalnovelle von Schiller bis Hauptmann. Paderborn 1980^2

zeichnet war, teilt mit, „dass ein reuiger Sünder unter dem Siegel der Beichte der Kirche einen reichen geraubten Schatz an Juwelen und Geschmeide übergeben" (SB, S. 63, Z. 1 – 3). Mit dem reuigen Sünder kann nur Cardillac gemeint sein, dem die Kirche und die weltliche Macht damit posthum Absolution und Freisprechung erteilt haben. Dass der über weite Strecken der Novelle verruchte Schmuck, soweit er nicht seinen rechtmäßigen Eigentümern übereignet würde, „dem Schatz der Kirche zu St. Eustache anheim" (SB, S. 63, Z. 11/12) gegeben wurde, bekräftigt noch einmal die Absolution Cardillacs. Der Schluss der Novelle zielt also nur vordergründig auf das glückliche Schicksal der Liebenden. Eigentlich gilt er den wirklichen Hauptpersonen, der Scuderi und Cardillac.

7 Kunst und Wirklichkeit. Das Serapiontische Prinzip

Die Frage, wie Kunst Wirklichkeit darstellen kann und soll, ist so alt wie jedes theoretische Nachdenken über das Verhältnis beider. Wie wichtig Hoffmann diese Frage war, ersieht man aus der Tatsache, dass er Erzählungen, die er von 1819 bis 1821 in drei Bänden versammelte, *Die Serapions-Brüder* betitelte. Die Figuren der Rahmenhandlung dieser Sammlung diskutieren das sogenannte Serapiontische Prinzip. Dabei geht es immer wieder um das Verhältnis von Kunst und Wirklichkeit. Hoffmann lässt eine der Rahmenfiguren, Cyprian, die Geschichte eines Wahnsinnigen erzählen, der sich für den Märtyrer und Einsiedler Serapion in der Wüste Thebens hält, welcher von Kaiser Decius hingerichtet wurde. So wie dieser Serapion ist der Dichter für Hoffmann ein Seher, der sich seines Geistes bedient, welcher mit der Fantasie weitgehend identisch ist. Aufgabe des Geistes oder der Fantasie ist es, sowohl die innere Welt wie das „volle" oder „äußere Leben", anders ausgedrückt: die Außenwelt, zu erschauen. Die Außenwelt ist der „Hebel", der dieses Schauen in Bewegung setzt. Da dieses Schauen von der Fantasie oder dem Geist gelenkt ist, wird es zu einem geistig Geschauten. Dieses innere geistige Schauen bildet die Wirklichkeit nicht ab, produziert aber sehr wohl etwas, was sich wirklich begeben hat: „Ist es nun also der Geist allein, der die Begebenheit vor uns erfasst, so hat sich das auch wirklich begeben, was er dafür anerkennt."[20]

Hoffmann hat das Serapiontische Prinzip gegen Kritiker verteidigt und Wert darauf gelegt, dass das fantasiegeleitete innere Schauen immer im Bunde mit dem Verstande geschieht: „Ich denke indessen, dass, da die innern Augen, deren Blick die dichterische Anschauung bedingt, ebensogut im Kopfe sitzen wie der Verstand, der heilige Serapion, als er jenes Prinzip aufstellte, nach dem man nur das lebendig und wahrhaft ans Licht befördern kann, was man ebenso im Innern geschaut, immer den unwandelbar treuen ehelichen Bund vorausgesetzt hat, in dem beide, Verstand und Fantasie bleiben müssen, wenn etwas Ordentliches herauskommen soll. – Ich bleibe bey diesem Prinzip!"[21]

20 E.T.A. Hoffmann: Die Serapionsbrüder I. Berlin 1978, S. 30

Die Frage ist noch nicht geklärt, weshalb Hoffmann das Serapiontische Prinzip nach einem wahnsinnigen Seher benannt hat, der mitten in Deutschland glaubt, in der thebaischen Wüste zu leben. Dieser Kunstgriff soll verdeutlichen, wie hoch Hoffmann die Fähigkeit des Dichters ansetzt, unbeirrbar seiner Fantasie zu folgen. Ein Missverständnis wäre es, daraus zu schließen, die Fantasie hebe die Gesetze von Raum und Zeit auf. Der Dichter bleibt immer daran gebunden, das äußere Leben zu erschauen. Jedoch wird das Erschaute nicht immer vom Gehirn analytisch verarbeitet. „Eben gestern sprach Ariost von den Gebilden seiner Fantasie und meint, er habe im Innern Gestalten und Begebenheiten geschaffen, die niemals in Raum und Zeit existieren. Ich bestritt, dass dies möglich, und er musste mir einräumen, dass es nur Mangel höherer Erkenntnis sei, wenn der Dichter alles, was er vermöge seiner besonderen Sehergabe vor sich in vollem Leben erschaue, in den engen Raum seines Gehirns einschachteln wolle."[22]

Das Leben des Sehers, der sich in Einsamkeit als Märtyrer diszipliniert hat, gewährleistet erst den Vorrang des fantasiegeleiteten Schauens, das gleichwohl nach Hoffmann immer mit dem Verstande im Bunde bleiben muss. So gesehen, ist der Seher Serapion ein Gleichnis dafür, dass dichterisches Schauen gerade nicht in der Hektik des vollen Lebens am besten gelingt. „Aber erst nach dem Märtyrertum kommt jene höhere Erkenntnis, die genährt wird von dem Leben in tiefer Einsamkeit."[23]

Eine direkte Reaktion der Serapionsbrüder auf *Das Fräulein von Scuderi* bedarf noch der Erläuterung: „Sylvesters Erzählung erhielt den vollen Beifall der Freunde. Man nannte sie deshalb wahrhaft serapiontisch, weil sie auf geschichtlichem Grunde gebaut, doch hinaufsteige ins Fantastische."[24]

Was bedeutet das für unsere Interpretation der Novelle *Das Fräulein von Scuderi*? Der geschichtliche Grund ist zweifellos die epische Exposition über das in hysterische Angst versetzte Paris von 1680. Wo aber steigt die Novelle ins Fantastische hinauf? Sie entfernt sich schon in der epischen Exposition stellenweise von der überprüfbaren historischen Realität. So waren zum Beispiel die historischen la Regnie und Argenson nicht die Ungeheuer, als die sie Hoffmann erscheinen lassen will, um seiner eigenen Zeit den Spiegel vorzuhalten, sondern sachverständige, tüchtige und unbestechliche Kriminalbeamte, die sich weitgehend an das damalige Recht hielten.[25] Das eigentlich Fantastische in der Novelle ist jedoch die Lebensbeichte Cardillacs, nicht nur wegen der inhaltlich unerhörten Ereignisse. Man denke an die Mutter Cardillacs, die von den erstarrten Armen des toten Kavaliers umklammert wird, oder daran, dass der am Tage als Muster eines ehrbaren Künstlers lebende Cardillac seine Opfer in der Nacht wie ein Tiger anspringt. Insbesondere die Lebensbeichte steigert sich auch wegen ihres mystifizierenden und Schauder erregenden Vokabulars ins Fantastische hinauf. Und

21 E.T.A. Hoffmann: Letzte Erzählungen – Kleine Prosa – Nachlese. Berlin 1983, S. 658 f.
22 E.T.A. Hoffmann; Die Serapionsbrüder I, a.a.O., S. 30
23 ebd.
24 E.T.A. Hoffmann: Die Serapionsbrüder II, a.a.O., S. 246
25 Vgl. Fingerhut/Fingerhut, a.a.O., S. 39

gerade deshalb erhebt sich die Frage im Sinne des Serapiontischen Prinzips, ob Hoffmann etwas wirklich Geschautes dargestellt hat, ob Fantasie und Verstand im Bunde geblieben sind oder ob die Fantasie des Autors mit der Darstellung des Cardillac die Orientierung an der Wirklichkeit verloren hat und ins Abstruse hinaufgestiegen ist. Fantastisch an der Darstellung Hoffmanns ist nur die mystifizierende Einkleidung von dessen Lebensbeichte unter dem Leitbegriff des ‚bösen Sterns'. Das Material von Alfred Hoffmann „Die ‚Manie ohne Wahn' in der romantischen Medizin" bezeugt jedoch, dass E.T.A. Hoffmann die Bücher von Pinel, Reil und anderen zeitgenössischen Autoren kannte. Diese halten Wahnvorstellungen wie die Cardillacs nicht nur in der Wirklichkeit für existent, sondern legen auch nahe, dass die „raffinierte Tatausführung" Cardillacs der Wirklichkeit entnommen sein könnte. „Nach Pinel sind Wille und Verstand getrennt. Die Willenstätigkeit des von der Krankheit Betroffenen hat sich zum blinden Antrieb zur Gewalt hin verändert. Wahrnehmungsfähigkeit, Urteilskraft und Gedächtnis bleiben dabei ungestört. Der Kranke benutzt seinen völlig intakten Verstand zur oftmals raffinierten Tatausführung" (vgl. SB, S. 83 f.).
Es stimmt also nicht, was Conrad in seinen Ausführungen über *Das Fräulein von Scuderi* behauptet: „Im ‚serapiontischen Prinzip' werden dagegen Raum und Zeit einem metalogischen Bezugsfeld fruchtbar gemacht; [...]"[26] Das von E.T.A. Hoffmann Erschaute scheint nur die kriminalistische Wirklichkeit fantastisch überstiegen zu haben. Die Figur Cardillac, Motiv und Darstellung seiner Taten sind im Sinne des Serapiontischen Prinzips fantastisch, das Bezugsfeld ist logisch und real.

DIDAKTISCHE ANALYSE

Wer diese Novelle Schülern ab dem 9. Schuljahr kommentarlos zur häuslichen Lektüre überlässt, wird einerseits ermutigt, sie zur Schullektüre zu machen, andererseits erhält er die Resonanz, sie sei schwer verständlich.
Die positive Reaktion erklärt sich durch die spannenden Verrätselungen der kriminalistischen Handlung und durch die hoffnungslos erscheinende Liebesgeschichte, die dann doch zu einem glücklichen Ende geführt wird.
Eine zurückhaltende Resonanz kommt von den SchülerInnen, die ein größeres Problembewusstsein haben. Sie erkennen, dass die Novelle mehr als eine Liebesgeschichte mit Happy End ist, sehen Schwierigkeiten in der verschlungenen Handlungsführung und können individuell unterschiedlich zu den Figuren des Cardillac oder der Scuderi keinen Zugang gewinnen. Erschwerend kommen später im Unterricht zum Beispiel die diffizilen Fragen hinzu, worin die Dämonie des Künstlertums des Cardillac bestehe und wie die Erzählung gattungstypologisch einzuordnen sei. Die Lehrkraft sollte ungeachtet des breiten Angebots an Unterrichtssequenzen, die zum Teil zudem Alternativen enthalten und die die Anforderungen an die SchülerInnen nur allmählich steigern, gewissenhaft prüfen, ob sie in ihrer Lerngruppe mit dieser

26 Conrad, a.a.O., S. 112

Lektüre Erfolg haben wird. Wenngleich *Das Fräulein von Scuderi* von den Bildungsplänen nahezu aller Bundesländer für die Mittelstufe empfohlen wird, ist diese Novelle eine schwierige Lektüre, gerade wenn man die SchülerInnen über ein nur spontanes Leseerlebnis hinausführen will.

Was spricht dennoch dafür, diese Novelle ab dem 9. Schuljahr zu lesen? Wie in der Interpretation ausführlich erörtert, lässt sie sich auf verschiedenen Ebenen rezipieren: als Liebesgeschichte, als Detektiv- oder Kriminalgeschichte oder als Künstlernovelle. Deshalb darf der Lehrer damit rechnen, dass sich das Interesse der SchülerInnen von unterschiedlichen Ansätzen entwickeln lässt:

- Die Vergewisserung über Handlung und Aufbau, von den Schülern oft als lästig empfunden, erscheint hier wie nach einem gemeinsam gesehenen Kriminalfilm, den man nicht richtig durchschaut hat, als sinnvoll. (1. Sequenz)
- Die Behandlung der epischen Exposition mit der Darstellung der Gift- und Juwelenmorde in Paris kann ebenfalls an unterschiedlichen Interessen anknüpfen: Zusammenhang der mysteriösen Verbrechen; Klima der Angst durch die geheimnisvollen Morde selbst, aber auch durch die Ermittlungsmethoden der Chambre ardente; die Rolle der Scuderi auf dem Hintergrund von Chaos, Rätselhaftem und Rechtsunsicherheit. (2. Sequenz)
- Die Spannung wird dadurch gesteigert, dass sich jede der Hauptpersonen in Konfliktsituationen befindet. (3. Sequenz)
- Besonders die Figur Cardillac wird unterschiedliche Fragen der SchülerInnen provozieren, zum Beispiel welchen Zusammenhang es gibt zwischen dessen Gier nach dem Gold und dem Verhalten seiner Mutter; ob man die von dem Erzähler gegebene Erklärung für den Wahnsinn Cardillacs nachvollziehen kann; ob man bei Cardillac von einer Freiheit der Entscheidung ausgehen darf; ob man den Goldschmied nach seinen psychischen Voraussetzungen beurteilen sollte. (4. Sequenz)
- Der Lehrer muss die Figur der Scuderi ebenso wie Cardillac nicht künstlich problematisieren, das heißt, er kann die seit Schülergenerationen verhasste Pflichtcharakteristik hier mit Recht verlangen; denn man kann zunächst nicht voraussetzen, dass die Schüler die Wertschätzung der Scuderi durch den Autor mitvollziehen, seine Sympathie gegenüber dieser Figur teilen. Sie werden auch ihre Leichtfertigkeit und innere Wandlung zum Verantwortungsbewusstsein zunächst nicht erkennen.

  Wichtig ist, dass die Schüler/innen in ihr den strukturellen Mittelpunkt der Erzählung sehen, bedeutsamer ist, dass Hoffmann sie als tugendhafte Kontrastfigur zu dem im Bösen versinkenden Paris verstanden haben will. (5. Sequenz)
- Die moderne Deutschdidaktik ist sich darüber einig, dass gattungstypologische Zuordnungen im Unterricht wenig sinnvoll sind. Da die SchülerInnen aber aus eigener Lektüre und aus Verfilmungen Beispiele von Detektivgeschichten und Kriminalgeschichten kennen, sind sie an der Frage interessiert, welcher Textsorte *Das Fräulein von Scuderi* zuzuweisen ist. Diese Überlegungen machen aus didakti-

scher Sicht Sinn, weil sie zwanglos zur Entdeckung erzählerischer Mittel führen, die für das detektorische Erzählen typisch sind, wie zum Beispiel Verrätselungen, Vorausdeutungen, Enträtselungen und auflösende Rückwendungen. (6./7. Sequenz)

- Das Einbeziehen weiterer sprachlicher Mittel der Novelle kann insofern für die Schüler überzeugend wirken, als der Lehrer nicht in die Verlegenheit kommt, daraus eine gewohnheitsmäßige Pflichtübung machen zu müssen; denn die Funktion der formelhaften Wiederholung bestimmter Nomina, Adjektive und Verben, um den Leser an der Angstpsychose in Paris teilnehmen zu lassen, sowie die Aufgabe der szenischen Darstellungen, um die Novelle zu dramatisieren, sind einleuchtend. (8. Sequenz)
- Nicht oft ist der Lehrer genötigt, den Schluss einer Erzählung so intensiv betrachten zu lassen wie bei dieser Novelle, weil das Ende mehrere didaktisch wichtige Aspekte/Perspektiven enthält. Vordergründig scheint es nur die Aufgabe zu haben, die Liebenden unbeschadet aus vielfältigen Gefahren herauszuführen. Bei genauerem Hinsehen erweist sich indes die Wandlung der Scuderi, die der verdorbenen Pariser Gesellschaft Wahrheitsliebe und Gerechtigkeit gegenüberstellt, als bedeutender. (ethischer Aspekt)
  Schwierig zu entdecken ist auch die Absolution des Cardillac durch die Kirche und die weltliche Macht, die indirekte Anerkennung von dessen Schuldunfähigkeit. (theologischer und rechtlicher Aspekt)
  Der Schluss hat aber nicht nur eine personenbezogene Dimension. Indem sich der König zugunsten Oliviers und Madelons entscheidet, verweist er mit den von der Scuderi vertretenen sittlichen Werten das Laster in seine Schranken. Und dies bedeutet, dass die Novelle letztlich auch ein Bild vom wünschenswerten Staat und vom guten Regenten zeichnet. (gesellschaftspolitischer Aspekt)
  Im Zusammenhang damit bietet die Novelle auch die Möglichkeit, der Frage nachzugehen, weshalb Hoffmann die Chambre ardente in so schrecklichen Farben schildert. Er wollte durch eine historische Verlagerung der Handlung in das absolutistische Frankreich um 1680 auf die seit 1812 in Preußen zu beobachtenden polizeistaatlichen Rechtsbeugungen aufmerksam machen. (historischer Aspekt)

Die im folgenden vorgestellten Sequenzen haben das 9. und 10. Schuljahr von Gymnasien im Blick. In der Realschule kommt diese Novelle nur für leistungsstarke Lerngruppen des 10. Schuljahres in Betracht. Die Sequenz X („Kunst und Wirklichkeit/ Das Serapiontische Prinzip“) bleibt in der Regel Kursen der Oberstufe vorbehalten. Dort gewinnt sie jedoch durch die grundsätzliche Frage, inwieweit und wie literarische Fiktion Wirklichkeit verarbeitet, eine Bedeutung, die weit über den Einzelfall der Novelle *Das Fräulein von Scuderi* hinausgeht.

Sequenz I: Handlung und Aufbau (2 Stunden)

1 Unterrichtszusammenhang

Die Erfahrung lehrt, dass es für den Leser, besonders den jugendlichen, gar nicht leicht ist, nach einer ersten Lektüre von *Das Fräulein von Scuderi* die Handlung zu rekapitulieren und die Ereignisse in ihren Zusammenhängen zu überschauen. Das liegt zum einen daran, dass der Text, indem er die Auflösung von Geheimnissen wieder und wieder verzögert, den Leser in seinen Bann zieht und ihm kaum Raum lässt, innezuhalten, um sich die Erzählschritte zu vergegenwärtigen. Zum anderen – und vor allem – ist das dadurch begründet, dass der Erzähler mit immer neuen Motivationen arbeitet und komplexe Einzelgeschichten aufbaut, die er kunstvoll miteinander verknüpft und deren zeitliche Ebenen er geschickt verschachtelt. Die Schüler sollen deshalb zu Beginn der Unterrichtseinheit Gelegenheit erhalten, ihr Wissen um Stoff, Handlung, Personengruppen, Handlungsverknüpfungen und -zusammenhänge auszubreiten und ggf. durch das Unterrichtsgespräch abzusichern und zu vertiefen. Dies geschieht nicht, wie sonst oft üblich, in Form der Nacherzählung oder einer Inhaltsangabe, sondern in Verbindung mit Überlegungen zum Aufbau der Novelle. Die Schüler können entweder, der Abfolge des Textes folgend, die wesentlichen Erzählabschnitte herausarbeiten, oder sie können, die Abfolge des Textes verlassend, die verschiedenen Handlungskreise mit den sie beherrschenden Handlungsträgern bestimmen. In beiden Fällen geht es gleichermaßen um inhaltliche und strukturelle Aspekte. Auf eine dritte Möglichkeit, die Erzählung im Hinblick auf die zeitliche Abfolge der Ereignisse zu analysieren, wird hier verzichtet. Wie ein Autor seinen Stoff ordnet, welche Handlungssequenzen er akzentuiert und wie er sie zueinander in Beziehung setzt, ist zunächst ein erzähltechnisches Problem, dessen Lösung relativ genau und verbindlich beschrieben werden kann. Schwieriger ist es, die Idee, die hinter einer bestimmten Komposition steht, zu erkennen. Die verschiedenen Teilhandlungen der *Scuderi* sollen einen mehr oder weniger genauen Einblick in die geheimnisvollen Abgründe der menschlichen Natur und die Verstrickungen des Menschen in das Böse geben. Sie zeigen, dass das vermeintlich Fantastische und Unglaubliche Realität ist.
In leistungsstarken Lerngruppen sollte die Frage, was denn die unterschiedlichen Erzählansätze verbindet, zumindest *gestellt* werden. Antworten können in diesem Stadium des Unterrichts allenfalls vorläufigen Charakter haben.

2 Unterrichtsziele

Die Schüler/innen
- vergegenwärtigen sich die Handlung(en) und den Aufbau der Erzählung;

- erkennen, dass sich der Text in die folgenden sechs größeren Erzählphasen gliedern lässt: szenisch-dramatische Exposition, epische Exposition in Berichtform, Beginn der Haupthandlung, Zuspitzung der Kriminalhandlung, Lösung des Kriminalfalls, Lösung des Rechtsfalls und Happy End;
- können die Funktion der Textabschnitte für den Gesamtaufbau der Erzählung bestimmen;
- erkennen, dass drei komplexe Teilhandlungen/Handlungskreise miteinander verwoben sind: Geschichte der Scuderi, Geschichte des Olivier Brusson, Geschichte Cardillacs;
- können die Personen den jeweiligen Handlungskreisen zuordnen;
- erkennen, wie die Handlungskreise miteinander verknüpft sind;
- können die jeweiligen Rollenerzähler und Adressaten benennen;
- setzen sich mit der Frage auseinander, warum der Erzähler seine Erzählung so kompliziert bzw. kunstvoll komponiert hat.

3 Unterrichtsverlauf

3.1 Die Schüler erhalten zunächst Gelegenheit, sich über die vorher insgesamt gelesene Novelle und über ihre eigenen Erfahrungen beim Lesen zu äußern.

3.2 Die Schüler werden durch Fragen veranlasst, sich gezielt zu den inhaltlichen Zusammenhängen zu äußern, sodass der Unterrichtende Einblick in den Wissensstand der Schüler bekommt.
Solche Fragen können zum Beispiel lauten:
Wie wird der Kriminalfall gelöst?
Wie ist es überhaupt zu diesem Fall gekommen?
Was hat das Fräulein von Scuderi damit zu tun?
In welcher Beziehung stehen Olivier und Cardillac zueinander?

3.3 Eine genaue Erarbeitung des Inhalts kann mit der Analyse des Handlungsaufbaus und einer Gliederung des Textes in Erzählphasen verbunden werden.
Vgl. Tafelbild auf S. 22.

3.4 Als Alternative oder als Ergänzung kann die Rekapitulation des Inhalts auch mit der Herausarbeitung der verschiedenen Handlungskreise verknüpft werden.
Vgl. Tafelbild auf S. 23.
Denkbar ist schließlich, dass beide Aufgabenstellungen von Schülergruppen gelöst werden. Der Lehrer müsste dabei einige Strukturmerkmale der Tafelbilder vorgeben.

3.5 Die Schüler sollen sich zu der Frage äußern, ob ihrer Meinung nach die Erzählung umständlich oder kunstvoll verschachtelt erzählt worden ist. Welche Gründe können für den komplizierten Aufbau vermutet werden? Was bewirken die Erzählabschnitte bzw. die Handlungskreise beim Leser? Wie beeinflussen sie das Verständnis des Lesers?

4 Tafelbilder

Aufbau der Handlung – Gliederung in Erzählphasen

1. Erzählphase
Einlassbegehren ins Haus der Scuderi

(S. 13–17)
Haus der Scuderi
- Unbekannter verlangt, zur Scuderi vorgelassen zu werden
- Drohung mit Stilett
- Kästchen bleibt zurück
- Jüngling flieht beim Eintreffen der Marechaussee
  Szenisch-dramatische Einführung
  Dramatische Exposition

2. Erzählphase
Gift- und Juwelenmorde

(S. 17–24)
Stadt Paris
- Giftmorde der Brinvillier
- Giftmorde der la Voisin
- Errichtung der Chambre ardente
- Schmuckmorde

Epischer Bericht
Epische Exposition

3. Erzählphase
Verwicklungen der Scuderi

(S. 24–33)
Haus der Scuderi, Salon der Maintenon, Pontneuf
- Öffnung des Kästchens, Schmuck und Zettel („Un amant, qui [...]")
- Scuderi holt sich Rat bei der Maintenon
- Cardillac wird gerufen; er schenkt der Scuderi den Schmuck
- Unbekannter wirft Zettel in gläserne Kutsche, bittet Scuderi, den Schmuck Cardillac zurückzugeben

Beginn der Haupthandlung

4. Erzählphase
Mord an Cardillac

(S. 33–41)
vor Cardillacs Haus, Chambre ardente, Conciergerie
- Olivier wird abgeführt, Madelon von Scuderi aufgenommen
- Madelons Version vom Tod des Vaters
- Gespräch Scuderi – la Regnie ohne Ergebnis

Scuderi besucht Olivier im Gefängnis; erkennt in ihm geheimnisvollen Fremden; zweifelt an seiner Unschuld
Zuspitzung der Handlung

5. Erzählphase
die Wahrheit über Cardillac und Oliviers Mitwisserschaft

(S. 41–55)
Haus der Scuderi
- Oliviers Lebensweg
- Arbeit bei Cardillac, Liebe zu Madelon
- Augenzeuge bei Cardillacs Verbrechen
- Cardillacs Lebensbeichte gegenüber Olivier (Verhalten der schwangeren Mutter)
- Oliviers Sorge um Scuderi, nachdem Cardillac von Unruhe befallen wird

Lösung des Kriminalfalls

6. Erzählphase
Rettungsversuche der Scuderi

(S. 55 – Schluss)
- Brief an la Regnie
- Einschaltung des Advokaten d'Andilly
- Mörder des Cardillac, Graf von Miossens, offenbart sich
- Die Scuderi und Madelon werfen sich dem König zu Füßen
- Gnadenakt des Königs
- Olivier und Madelon heiraten und verlassen Paris
- Rückgabe des Schmucks an die noch lebenden Besitzer

Lösung des Rechtsfalles
Happy End

Handlungskreise
Personen – Ereignisse

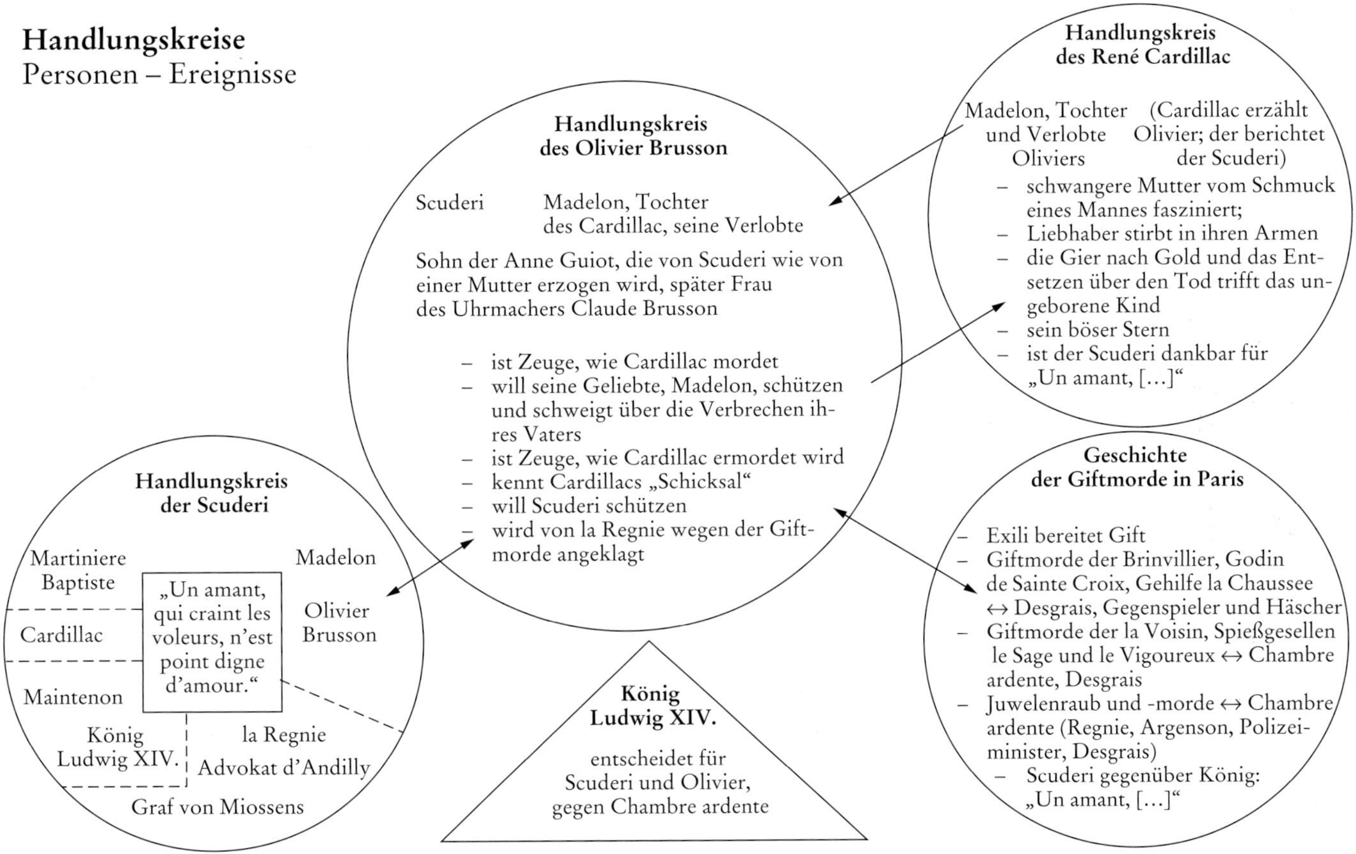

5 Hausaufgabe

Lest noch einmal die Geschichte der Verbrechen von Paris durch (S. 17–24). Notiert in Stichworten und unter Angabe der Seitenzahl,

- wer welche Verbrechen begeht;
- wie die staatliche Macht auf die Verbrechen reagiert;
- welche allgemeinen Auswirkungen der Erzähler erwähnt.

Sequenz II: Klima der Angst und Unterdrückung in Paris (1 Stunde)

---

1 Unterrichtszusammenhang

Unmittelbar nach dem szenisch-dramatischen Auftakt lässt der Erzähler eine ausführliche Rückblende, angeblich eine Schilderung der Martiniere (SB, S. 24 f.), folgen, durch die der Leser mit der Verbrechensserie in Paris vertraut gemacht und an deren Ende die Scuderi ins Spiel gebracht wird, wodurch Rückblick und Haupthandlung äußerst geschickt miteinander verknüpft werden.

Wenn man nach den Gründen forscht, warum der Erzähler eine so umfängliche Retardation einfügt und dadurch die Gefahr in Kauf nimmt, einen auf Spannung fixierten Leser zu verprellen, dann liegt die Annahme nahe, dass durch die epische Exposition die Juwelenmorde des Cardillac an Bedeutung gewinnen sollen. Die Juwelenräuber und -mörder werden in die Reihe der Alchimisten und Giftmischer gestellt und so noch zusätzlich dämonisiert. Darüber hinaus bekommt der Leser einen Eindruck von der Ruchlosigkeit und der Angst, die in Paris das menschliche Zusammenleben bestimmen. Selbst der absolutistisch herrschende König Ludwig XIV. kann den von ihm eingesetzten Sondergerichtshof, der sich vom Beschützer zum Peiniger der Unschuldigen wandelt, kaum zügeln. Moral- und Rechtlosigkeit geben den Hintergrund ab, auf dem der Erzähler „seine“ Figuren agieren lässt.

Darüber hinaus erweckt Hoffmann dadurch, dass er ganz im Stile einer Chronik berichtet, den Eindruck, dass die Ereignisse tatsächlich stattgefunden haben, dass die Erzählung die Geschehnisse wirklichkeitsgetreu abbildet. Schaut man aber, was im Stile einer Chronik dem Leser dargeboten wird, dann liest man von Vorkommnissen, die von den Menschen als irreal, als übernatürlich, als mysteriös wahrgenommen werden. Die Menschen stehen im Banne des Dämonischen, sie erliegen der Faszination des Unerklärlichen, das Böse beherrscht ihr Denken und Fühlen. Der chronikalische Erzählstil beglaubigt gewissermaßen das Fantastisch-Unerklärliche.

In dieser Sequenz wird der Deutungsansatz, wonach es Hoffmann um die Einkleidung des scheinbar Fantastischen in ein realistisches Erzählgewand zu tun ist, keine oder nur eine untergeordnete Rolle spielen. Es reicht aus, wenn die Schüler die Pariser Ereignisse in ihren Handlungszusammenhängen und in ihrer allgemeinen Bedeutung erfassen. Vor allem wird es darum gehen, dass die Schüler den „gemeinsamen Nenner“

der Verbrechen und deren Auswirkungen für das Gemeinwesen bestimmen können, wobei es darauf ankommen wird, indirekt und direkt gegebene Hinweise des Erzählers zu berücksichtigen.
Auf die Ergebnisse dieser Sequenz wird verstärkt in den Sequenzen IV („Cardillac“), IX („Schluss der Erzählung und Gesamtbetrachtung“) und X („Kunst und Wirklichkeit/Das Serapiontische Prinzip“) zurückgegriffen werden.

2 Unterrichtsziele

Die Schüler/innen

- können in der epischen Exposition die wesentlichen Ereignisse, die Handlungsträger und deren Beziehung zueinander bestimmen;
- erkennen, dass die Juwelenmorde an Dramatik und Bedeutung gewinnen, weil sie in den Kontext der Giftmorde gestellt werden;
- erkennen, dass alle Verbrechen durch die Art ihrer Ausführung als besonders mysteriös erscheinen;
- erkennen, dass die Chambre ardente mit den ihr zugeordneten Personen ihre Ordnungsfunktion verliert und zu einem Unterdrückungsapparat gegenüber den Unschuldigen wird;
- erkennen, dass durch die Morde auf der einen und die fragwürdigen Ermittlungsmethoden auf der anderen Seite ein Klima der Angst und des Misstrauens entsteht;
- erkennen, dass der Erzähler durch seinen Rückblick zeigen will, dass der Hang zum Übernatürlichen, zum Wunderbaren alle Vernunft außer Kraft setzt;
- erkennen, dass auf dem Hintergrund von Chaos, Rätselhaftem und Rechtsunsicherheit die Rolle der Scuderi besonders gut zur Geltung kommt.

3 Unterrichtsverlauf

Die Ergebnisse zu den folgenden Teilaspekten lassen sich ganz überwiegend in einem Tafelbild (vgl. 4.) zusammenfassen bzw. aus ihm ersehen.

3.1 Von welchen Verbrechen wird im Einzelnen berichtet? Wie sind die Zusammenhänge?
Für den Fall, dass in der letzten Stunde die Erzählphasen und/oder Handlungskreise ausführlich besprochen worden sind, handelt es sich hier um eine Wiederholung, die knapp sein und eventuell ganz entfallen kann.

Glaser, deutscher Alchimist
sucht den Stein des Weisen
Exili, Italiener
Erfinder eines Gifts, das nicht nachweisbar ist

Godin de Sainte Croix, Schüler Exilis
Marquise de Brinvillier
Gehilfe la Chaussee
Brinvillier ermordet ihre Verwandtschaft und geladene Gäste;
möglicherweise auch Arme, die sie mit Speisen versorgt.
la Voisin, Schülerin Exilis, Wahrsagerin und Geisterbeschwörerin
Spießgesellen le Sage (Priester) und le Vigoureux
verhelfen mit Gift zur Erbschaft, Frauen zu einem jüngeren Gemahl
Schmuck-/Juwelenräuberbande

3.2 Welche Motive nennt der Erzähler?
Der Text gibt wenige Hinweise. Daraus kann man schließen, dass es Hoffmann bei seiner epischen Exposition nicht um eine vertiefte Auseinandersetzung mit den kriminellen Handlungen geht.
Im Zusammenhang mit der Brinvillier werden Rache, Erbschleicherei, reine Lust am Mord und Gewohnheit als Motive genannt, über die Motive der la Voisin erfährt der Leser nichts.

3.3 Welche Hinweise des Erzählers lassen erkennen, wie er selbst die Ereignisse und Personen sieht bzw. wie der Leser sie sehen und bewerten soll?
Der Erzähler spart nicht mit deutlich wertenden Hinweisen zu den Personen und den Ereignissen.
So heißt es zum Beispiel
- über die Giftmorde: „verruchteste Greueltaten", „teuflischste Erfindung der Hölle" (SB, S. 17, Z. 20/21), „höllisches Arsenal des Giftmordes" (SB, S. 18, Z. 33)
- über Sainte Croix: „Leidenschaftlich, ohne Charakter, Frömmigkeit heuchelnd und zu Lastern aller Art geneigt von Jugend auf, eifersüchtig, rachsüchtig bis zur Wut [...]" (SB, S. 18, Z. 3–5)
- über die Brinvillier: „entartetes Weib", „Ungeheuer", „verruchte Heuchelei", „grässliche Untaten", „verruchte List verworfener Menschen", „entsetzlichem Weibe" (SB, S. 18, Z. 9 ff.)

Sie sollen dazu beitragen, das Monströs-Perverse zu betonen. Besondere Beachtung sollte der Erzählerkommentar über den Hang des Menschen zum Übernatürlichen (SB, S. 23, Z. 3 ff.) finden.

3.4 Wie reagiert der Staat auf die Verbrechen? Welche Rolle spielt die Chambre ardente?
Ludwig XIV. setzt einen Sondergerichtshof ein – die Chambre ardente; Präsident ist la Regnie.
Hoffmann lässt diese Institution in einem sehr negativen Licht erscheinen. Sie veranlasst „Hinrichtung auf Hinrichtung", verfolgt Unschuldige, die oft nur durch Zufall vor dem Tod bewahrt wurden, der Erzähler spricht von einem „Tribunal" und dem

„Charakter der Inquisition“, ihr Präsident erscheint als Finsterling mit „heimtückischem Wesen“, der sich zu „Gewaltstreichen und Grausamkeiten“ hinreißen lässt, der wütet und Geständnisse zu erpressen sucht.

3.5 In welcher Situation also befindet sich das Gemeinwesen Paris? Vor welchem gesellschaftlichen und politischen Hintergrund wird das Fräulein von Scuderi in die Ereignisse verwickelt? Welche Funktion hat diese epische Exposition für das Erzählganze?
Die Exposition soll verdeutlichen, dass zu Beginn der Scuderi-Handlung jede Ordnung verlorengegangen ist und dass die Menschen geneigt sind, die Ursachen dafür in übernatürlichen Kräften zu suchen. So werden zwei Fragen für die weitere Handlung nahegelegt: Handelt es sich tatsächlich um übernatürliche, der Vernunft unzugängliche Vorfälle? Und: Lässt sich in das Chaos des menschlichen Zusammenlebens wieder eine an der Vernunft orientierte Ordnung bringen?

4 Tafelbild

s. S. 28

5 Hausaufgabe

Wählt eine der folgenden Personen: Scuderi, Olivier, Cardillac. Beschreibt deren innere Konfliktlage.

Klima der Angst und Unterdrückung

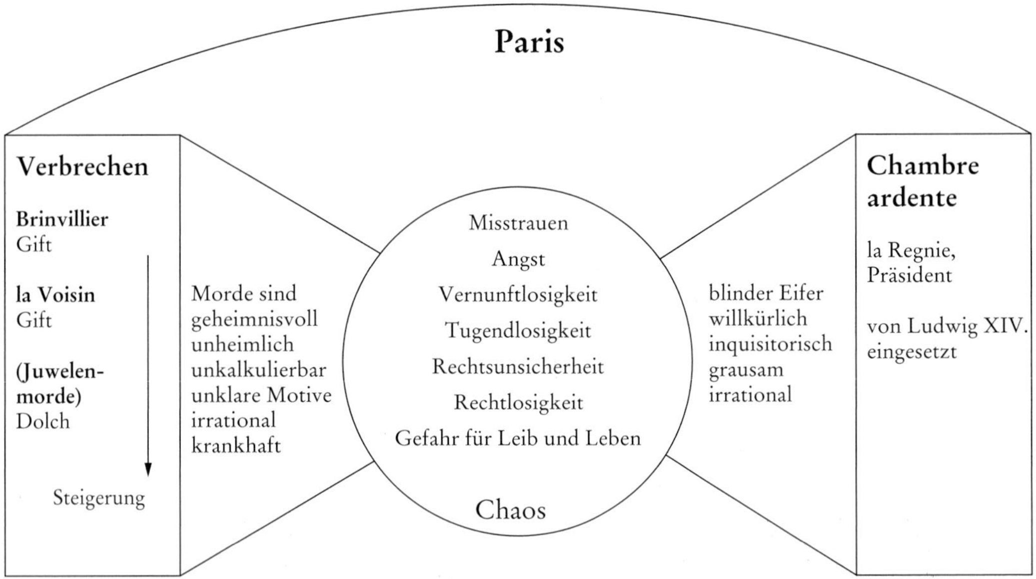

„Die Köpfe waren erfüllt von den Zaubereien, Geisterbeschwörungen, Teufelsbündnissen der Voisin, des Vigoureux, des berüchtigten Priesters le Sage; und wie es denn nun in unserer ewigen Natur liegt, dass der Hang zum Übernatürlichen, zum Wunderbaren alle Vernunft überbietet, so glaubte man bald nichts Geringeres, als dass […] wirklich der Teufel selbst die Verruchten schütze, die ihm ihre Seelen verkauft. […]“ (SB, S. 23, Z.1 ff.)

1 Unterrichtszusammenhang

Diese Sequenz zielt darauf, den Schülern Einblick in das Konfliktpotenzial der Novelle zu vermitteln. Die äußeren Konflikte können vernachlässigt werden, da das die Handlung dominierende Strukturelement das Rätsel und dessen Lösung, nicht aber der Konflikt ist. Anders verhält es sich mit den inneren Konflikten, die sich im Bewusstsein und im Verhalten einer Person äußern und die die Person in ein Spannungsfeld unterschiedlicher Werte und Anschauungen stellen.
Höchst kompliziert und dramatisch – und dennoch relativ einfach nachvollziehbar – ist die Konfliktsituation des Olivier Brusson. Er wird zum Mitwisser der Morde seines Meisters, sieht sich aber wegen seiner Liebe zu Madelon daran gehindert, sein Wissen über deren Vater öffentlich zu machen. Cardillacs Lebensbeichte bedeutet für Olivier eine weitere Zuspitzung seines inneren Konflikts, weil er jetzt weiß, dass Cardillacs „Mordlust" unabwendbar, da zwanghaft ist. Jedes zukünftige Opfer des Goldschmieds vergrößert also Oliviers Schuld im juristischen und moralischen Sinne. Olivier reagiert in seinen Konfliktsituationen wie gelähmt. Erst als die Scuderi, der er sich in besonderem Maße verbunden fühlt, in Gefahr gerät, wird er aktiv und sinnt auf Lösungen/Handlungen, die erlauben, seine unterschiedlichen Prinzipien zu wahren.
Wie konsequent Olivier in seiner Liebe zu Madelon ist, erkennt man daran, dass er bereit ist, trotz seiner Unschuld Tortur und Tod auf sich zu nehmen, um seine Geliebte vor der Wahrheit über den Vater und vor öffentlichem Gerede zu schützen.
Die Scuderi muss sich entscheiden, wie sie mit dem Schmuck Cardillacs umgeht, ob sie ihn annimmt, möglicherweise sogar trägt, und ob sie am Schluss der Erzählung mit ihm vor dem König erscheint. Wichtiger aber ist der Konflikt, ob sie ihrem inneren Gefühl oder ob sie der Macht des vermeintlich Faktischen und der Welt des äußeren Scheins vertrauen soll. Das bedeutet (ohne dass es so im Text direkt ausgesprochen wird), dass sie sich vor die Alternative gestellt sieht, das beschaulich-unverbindliche Dasein einer anerkannten Schriftstellerin, deren Bücher aber folgenlos sind, beizubehalten oder sich um der Wahrheit und der Liebe willen in das Leben einzumischen und die Herausforderung anzunehmen, ob sie dem Machtmissbrauch durch die Chambre ardente tatenlos zusehen oder ob sie deren menschenverachtende Praktiken bekämpfen und so dem Guten zum Sieg verhelfen soll.
Die Konfliktsituation Cardillacs einzuschätzen ist äußerst schwierig, weil die Antwort davon abhängt, wie man die Figur deutet. Folgt man der Darstellung, die Cardillac selbst von seinem Leben und der Unabwendbarkeit seines Verhängnisses gibt, dann erscheint sein Verhalten determiniert. Nimmt man aber sein tatsächliches Verhalten als Maßstab, dann kann man beobachten, dass der Erzähler dem Goldschmied im Vorfeld seiner Morde Einsicht in die Verwerflichkeit seiner Taten und auch zeitlich begrenzte Entscheidungsspielräume zubilligt.

Im Zusammenhang mit Cardillac sollte die Frage nach der Konfliktsituation gestellt und die Problematik angesprochen, aber eine definitive Antwort bis zum Ende der folgenden Sequenz zurückgestellt werden.

2 Unterrichtsziele

Die Schüler/innen
- reflektieren die Bedeutung von Konflikten in dramatischer und epischer Literatur;
- unterscheiden zwischen äußeren und inneren Konflikten;
- lernen bzw. wiederholen, dass sich bei inneren Konflikten die Figuren wegen unterschiedlicher Gefühle und Werthaltungen in einem Zwiespalt befinden;
- erkennen, dass Olivier vor der Wahl steht, seiner Verlobten Enttäuschung und öffentliche Schande zuzufügen oder ihren mordenden Vater vor Entdeckung zu schützen und damit weitere Morde in Kauf zu nehmen;
- erkennen, dass Olivier sein eigenes Leben und seinen Ruf für die Liebe einsetzt;
- erkennen, dass sich seine Konfliktsituation durch die Bedrohung der Scuderi dramatisch zuspitzt;
- erkennen, dass die Scuderi durch den Schmuck in Konfliktsituationen gebracht wird;
- erkennen, dass sich die Scuderi entscheiden muss, ob sie ihrem Gefühl oder ob sie den vermeintlichen Fakten vertrauen soll;
- erörtern die Konfliktproblematik Cardillacs.

3 Unterrichtsverlauf

3.1 Die Schüler tragen ihre Hausaufgaben vor. Vor welche Alternativen sieht sich Olivier gestellt? Welche Ereignisse lösen den jeweiligen Konflikt aus oder verschärfen ihn?

Oliviers Konfliktsituationen

	Cardillac entdeckt die Liebesbeziehung.	
Nähe zu Madelon Fortbestand der Verlobung	oder	Trennung von Madelon Auflösung der Verlobung
	Olivier wird Zeuge von Cardillacs Verbrechen.	
Madelon das ungetrübte Bild des Vaters erhalten Rückkehr zu Madelon	oder	Cardillac anzeigen, ihn den Gerichten übergeben
	Cardillac erzählt Olivier von seinem „bösen Stern“.	
Madelon vor „grässlichster Verzweiflung“ bewahren	oder	Fortsetzung der Verbrechensserie in Kauf nehmen
	Cardillac schenkt der Scuderi Schmuck und wird von Unruhe erfasst.	
Madelon vor dem ganzen Elend der Vergangenheit schützen	oder	(Tod der Scuderi)
	Olivier wird Zeuge von Cardillacs Ermordung.	
Madelons Tod	oder	Untersuchungshaft, Marter, Tod
– Verantwortung für einen Einzelnen – Kampf um Liebe – privates Glück		– Verantwortung für die Allgemeinheit – Kampf dem Bösen – öffentliches Wohl

3.2 Wo und wie verdeutlicht der Erzähler die Zerrissenheit des Olivier?

Der Erzähler lässt Olivier mehrmals dessen verzweifelte Situation eindringlich schildern; zum Beispiel:

– „Zuweilen war es mir, als sei ich selbst Cardillacs Mordgehülfe geworden, nur in Madelons Liebe vergaß ich die innere Pein, die mich quälte, […]“ (SB, S. 47, Z. 38/39)
– „Gefangen in diesem Labyrinth des Verbrechens, zerrissen von Liebe und Abscheu, von Wonne und Entsetzen, war ich dem Verdammten zu vergleichen, dem ein holder Engel mild lächelnd hinaufwinkt, aber mit glühenden Krallen festgepackt, hält ihn der Satan, und […]“ (SB, S. 51, Z. 26–29)
– „Meine Angst stieg bis zur Verzweiflung, als andern Tages Cardillac von nichts anderm sprach […] Euch retten musst ich, und sollt es Cardillacs Leben kosten.“ (SB, S. 54, Z. 1–6)

3.3 Wie beurteilt ihr die Motivation Oliviers für sein Verhalten? Wie seine Glaubwürdigkeit?

3.4 Würdet ihr Olivier nach heutigen Maßstäben ein Zeugnis- und Aussageverweigerungsrecht zubilligen? Begründet ihr eure Entscheidung rechtlich und/oder moralisch? Wie bewertet ihr den Tatbestand, dass Olivier eine Straftat nicht anzeigt?

3.5 Der Konflikt der Scuderi
Der tragende Konflikt der Scuderi bei ihrer Entscheidung, ob sie Olivier für schuldlos oder schuldig halten soll, lässt sich durch folgendes Tafelbild zusammenfassend festhalten:

Konfliktsituation der Scuderi	
Überzeugung Glaube Ahnung inneres Gefühl Herz	Beweise Indizien Vermutungen äußerer Schein Logik
Gefühl der Mensch	Tatsachen die Sache

Im Unterrichtsgespräch sollte deutlich werden, wie sehr die Scuderi schwankt und dass sie auch darum bemüht ist, Beweise zu finden. Das verbindet sie mit la Regnie. Sie gewichtet aber die Beweise anders, weil sie die Persönlichkeit würdigt und von daher die Fakten beurteilt.

3.6 Der Konflikt Cardillacs
Die Konfliktsituation des Cardillac sollte nur kurz angesprochen werden.
Problem: Hat Cardillac die Möglichkeit, frei zu entscheiden? Was spricht dafür, was dagegen? Welche Hinweise enthält der Text?
Die Problemstellung leitet über zur Hausaufgabe.

4 Hausaufgabe

Lest noch einmal die Lebensbeichte des Cardillac und jene Teile der Erzählung durch, in denen Olivier über sein Zusammenleben mit Cardillac berichtet. Entscheidet dann, ob ihr Cardillac Willensfreiheit zubilligt oder nicht. Schreibt in Stichworten die Begründung für eure Position auf, sodass ihr in der nächsten Stunde in der Lage seid, ein Streitgespräch zu führen.

1 Unterrichtszusammenhang

Der Handlungskreis, in dessen Mittelpunkt Cardillac steht, sprengt den chronikalischen Charakter der Erzählung am offensichtlichsten. Die Figur des Cardillac ist Ausdruck dafür, dass Hoffmann sich als Erzähler und als Richter – er musste sich als Gutachter mit der „Manie ohne Wahn", der Unzurechnungsfähigkeit bei scheinbar völliger Normalität, befassen – intensiv mit den Grenzsituationen und Abnormitäten der menschlichen Psyche beschäftigte. Zentrale Figur und Szenarium dieses Handlungskreises machen aber auch verständlich, warum der Autor den Namen Gespenster-Hoffmann erhielt.

In dieser Phase des Unterrichts sollen die Schüler nachvollziehen, welche Ursachen Cardillac selbst für seine Krankheit aufzeigt und wie er deren Zustand beschreibt: Weil die Mutter, die, mit Cardillac im ersten Monat schwanger, vom Schmuck eines Adligen so fasziniert war, dass sie sich mit dem Träger des Schmucks auf ein Liebesabenteuer einließ, sich also prostituierte, dabei dem Tod hautnah begegnete und einen schweren Schock erlitt, der sich auf das ungeborene Kind übertrug, ist Cardillac zeitlebens von einer angeborenen Begierde nach glänzenden Diamanten und goldenem Schmuck besessen. Er glaubte, seinen Trieb dadurch in Bahnen lenken zu können, dass er Goldschmied wurde, ihn als Künstler in kreative Produktivität umsetzte. Seine Manie geht so weit, dass er sich seine Kunstwerke um jeden Preis, auch den des Mordes, zurückholt; dabei weiß er um das Verwerfliche seines Tuns, empfindet mit den Opfern Mitleid, handelt aber dennoch unter dem Zwang seines Triebes wider bessere Einsicht; seine Situation trägt also Merkmale einer Schizophrenie.

Hoffmann schildert hier relativ komplexe psychologische Vorgänge. Wichtiger als deren profunde Erklärung im medizinischen Sinne ist es, das Augenmerk der Schüler darauf zu lenken, dass Hoffmann die Figur des Cardillac zwar dämonisiert, ihre psychischen Deformationen und ihre Fehlhandlungen aber gleichzeitig analytisch erklären will. Darüber hinaus ist an diesem „Fall" bemerkenswert, dass der Wahnsinn mit dem Künstlertum verknüpft wird und dass er im Gewande der Bürgerlichkeit einherkommt, also nicht zu erkennen ist. Außerdem sollte deutlich werden, dass, weil Cardillac zwanghaft handelt, eine Beurteilung nach moralischen Kategorien fehl am Platze ist. Bezeichnenderweise wird über Cardillac kein Urteil – weder im Gerichtssaal noch in der Öffentlichkeit – gesprochen.

2 Unterrichtsziele

Die Schüler/innen

- erkennen, welchen Zusammenhang der Erzähler zwischen Cardillacs Gier nach Gold und Juwelen einerseits und dem Verhalten seiner Mutter andererseits herstellt;

- erkennen, welche Bedeutung Goldschmiedhandwerk und Künstlertum für Cardillac haben;
- erkennen, dass der Erzähler vorgibt, komplexe psychische Vorgänge, zum Beispiel Ursachen und Erscheinungsformen des Wahnsinns, erklären zu können;
- erkennen, dass die Verbrechen pseudowissenschaftlich aus der Schwangerschaft der Mutter hergeleitet werden;
- erkennen, dass Cardillacs Bericht nahelegt, einen Täter nicht nur nach der Tat, sondern auch nach seinen psychologischen Voraussetzungen zu beurteilen;
- erkennen, dass sich im Falle Cardillacs bürgerliche Existenz (sogenannte Normalität) und Wahnsinn/Unzurechnungsfähigkeit nicht ausschließen;
- erkennen, dass Cardillac zwar Einsicht in die Verwerflichkeit seiner Taten hat, aber letztlich diese Einsicht nicht oder nur sehr begrenzt in Handeln bzw. Unterlassen umsetzen kann;
- erkennen, dass er wegen seiner psychischen Deformation weder im moralischen noch im juristischen Sinne schuldig ist;
- erkennen, dass Cardillac letztlich nicht die Freiheit zur Entscheidung hat und deshalb nur zeitlich begrenzt in einer Konfliktsituation steht;
- können über einen literarischen Text ein Streitgespräch führen.

3 Unterrichtsverlauf

3.1 Streitgespräch zwischen Schülern (vgl. Hausaufgabe)

Zwei Schüler, die unterschiedliche Meinungen zur Frage der Willensfreiheit des Cardillac vertreten, werden nach vorne gebeten, tragen ihre Statements vor und führen anschließend ein Streitgespräch.

Bei diesem Gespräch geht es (zunächst) nicht darum, ob Hoffmann mit seiner Darstellung einer pränatalen Fixierung eines Menschen Recht hat, sondern darum, welche Positionen aus dem Text herausgelesen und welche Folgerungen daraus gezogen werden können.

3.2 Unterrichtsgespräch im Anschluss an Streitgespräch der Schüler

a) Worauf kann man sich als Leser überhaupt berufen?
   - Cardillacs subjektiv gefärbter Bericht, der wiederum durch Olivier weitererzählt wird
   - Oliviers persönliche Eindrücke und Erfahrungen mit Cardillac
   - Hinweise des Erzählers (vgl. z. B. Erzählbericht SB, S. 26 ff.)

   In diesem Zusammenhang kann den Schülern verdeutlicht werden, dass diese Erzähltechnik ganz wesentlich zur Verrätselung beiträgt, weil Olivier aus verständlichen Gründen immer im Verdacht steht, nicht die Wahrheit zu sagen, und der Leser im Zweifel ist, ob er der Erzählung eines Handlungsträgers vertrauen kann.

b) Welche Argumentationskette knüpft Cardillac?

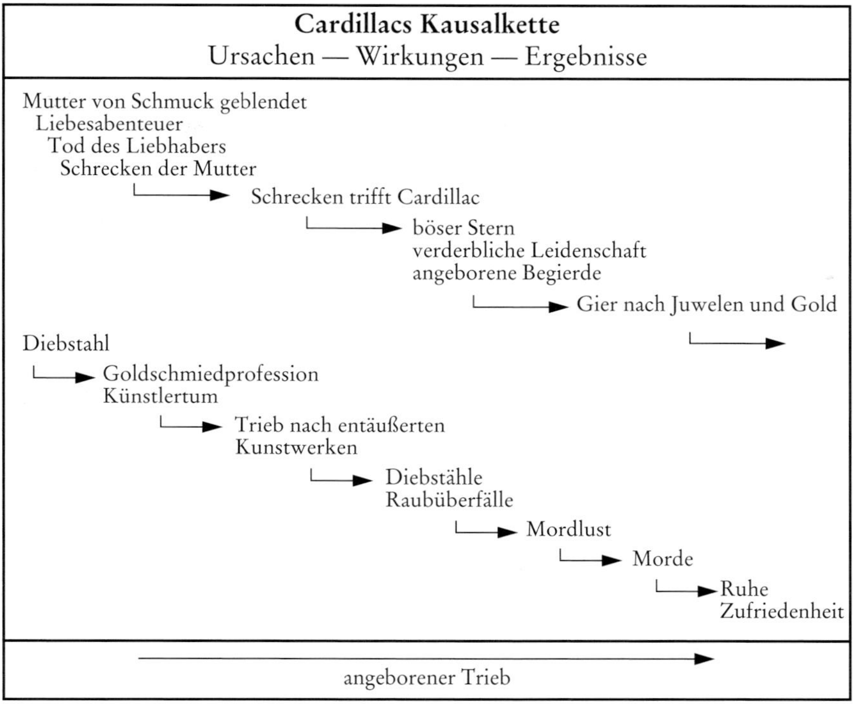

c) Wie werden Cardillacs Verhalten und Aussehen beschrieben?
Die Beschreibungen von Cardillacs Gebaren enthalten deutliche Hinweise auf seinen Wahnsinn.
Betont werden zum Beispiel brennende Begierde, Ruhelosigkeit, Fanatismus und Besessenheit, Ziellosigkeit, Grobheit, irres Lachen (SB, S. 27 ff. und S. 53 ff.)
Die Beschreibung seines Äußeren betont sein unvorteilhaftes Aussehen und signalisiert, dass mit Cardillac etwas nicht stimmt; zum Beispiel heißt es:
„das dicke, krause, rötliche Haupthaar und das gedrungene, gleißende Antlitz." (SB, S. 27, Z. 11/12); „sein ganz besonderer Blick aus kleinen, tiefliegenden, grün funkelnden Augen" (SB, S. 27, Z. 13 f.); „ein hässliches Lächeln auf seinem roten Antlitz gleißte" (SB, S. 29, Z. 17/18)
(Hier böte sich ein Exkurs an, in dem die Schüler die Cardillac-Illustrationen auf S. 29 und S. 53 im SB auf Übereinstimmung mit dem Text, Stimmigkeit und Interpretation überprüfen könnten.)

d) Die bisherigen Ergebnisse deuten darauf hin, dass Cardillac aufgrund seiner pränatalen Prägung nicht frei entscheiden, sein Handeln nicht seinem Willen unterwerfen kann. Welche gegenteiligen Hinweise enthält die Erzählung?
Hoffmann billigt dem Goldschmied in Phasen der inneren Ruhe Einsicht in die Verwerflichkeit seines Tuns zu; zum Beispiel heißt es: „Glaube nicht, dass ich

darum, weil ich tun muss, was ich nicht lassen kann, jenem Gefühl des Mitleids, des Erbarmens, was in der Natur des Menschen bedingt sein soll, rein entsagt habe." (SB, S. 51, Z. 10–12) Auch die Tatsache, dass Cardillac nicht für jeden arbeitet, zeigt seine Selbstbestimmtheit, die aber nur in dem Maße zum Tragen kommt, wie Cardillac keinen Schub hat. Der Erzähler lässt keinen Zweifel daran, dass Cardillac letztlich nicht frei entscheiden kann und ein innerer Konflikt von ihm nur in Grenzen erfahren, nie aber frei entschieden werden kann.

3.3 Cardillacs Bewusstseinsspaltung

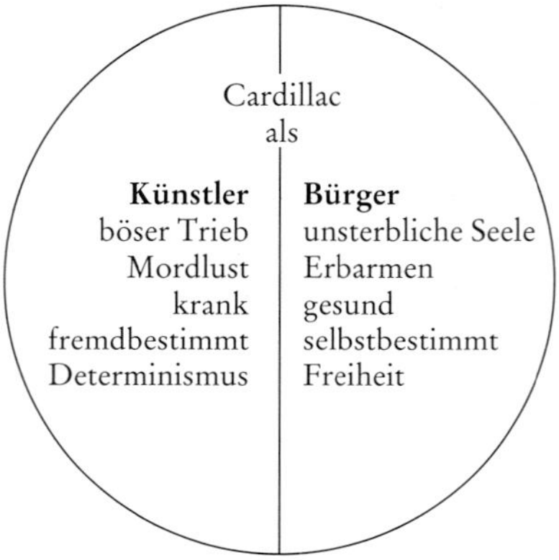

Die Widersprüchlichkeit und Zerrissenheit wird zweimal ganz direkt angesprochen:

- „einer der kunstreichsten und zugleich sonderbarsten Menschen seiner Zeit" (SB, S. 27, Z. 7 f.)
- die „Geheimnisse des verruchtesten und zugleich unglücklichsten aller Menschen" (SB, S. 47, Z. 35 f.)

4 Hausaufgabe

Die Scuderi
Lest den Text noch einmal kursorisch und markiert/schreibt heraus: Textstellen, die Hinweise enthalten auf Aussehen/Erscheinung – Eigenschaften – gesellschaftliche Stellung – Dichtkunst – leichtfertiges, schuldhaftes Verhalten.

1 Unterrichtszusammenhang

Die interessanteste Figur ist ganz sicher nicht die Scuderi – schon gar nicht für Vierzehn-/Fünfzehnjährige. Es fehlt ihr zum Beispiel das Exzentrische und Geheimnisvolle eines Cardillac. Sie ist aber unbestreitbar die zentrale Figur der Erzählung, weil wichtige Handlungsstränge bei ihr zusammenlaufen, weil sie wesentliche Handlungen in Bewegung setzt und Probleme einer Lösung zuführt. Die Bedeutung der Scuderi für die Struktur (und das Genre) wird in Sequenz VI thematisiert. In dieser Sequenz geht es vor allem darum, zu klären, wie der Erzähler die Figur angelegt und welche inhaltlichen Positionen er ihr zugedacht hat.

Dem Leser wird die Scuderi als eine Frau vorgestellt, die wegen ihrer Dichtkunst hohes Ansehen genießt. Sie verkehrt am Hofe und in den Salons, ihre Tugendhaftigkeit steht in Kontrast zu der in Paris herrschenden Tugendlosigkeit. Allerdings wird auch deutlich, dass ihre Dichtung etwas Unverbindliches hat und dass sie selbst der gesellschaftlichen Realität entrückt ist; aus der ihr eigenen Naivität und sozialen Abgehobenheit erwächst schuldhaftes Verhalten: So versäumt sie es, das Schmuckkästchen der Polizei zu übergeben; ihr Distichon berücksichtigt nicht die chaotische Lage in Paris – sie selbst spricht später von einem „unbedachtsamen Scherz" – ; die Begegnung mit Cardillac wendet sie zusammen mit der Maintenon ins Ironisch-Heitere, das Dämonische wird zum Anlass spielerisch-unverbindlicher Witzigkeit, eine Haltung, die auch ihre Verse kennzeichnet; schließlich versäumt sie es, den Schmuck rechtzeitig zu Cardillac zu bringen, weil sie ihren Verpflichtungen als Hofpoetin Vorrang einräumt. Die schuldhafte Verstrickung der Scuderi ist unübersehbar.

Das Wissen um ihre Schuld, die Tugendhaftigkeit und der Eindruck, einer „höheren Macht gehorchen" zu müssen (SB, S.41, Z. 17/18), bewirken, dass die Scuderi den Elfenbeinturm einer liebenswerten, aber wirkungslosen Kunst verlässt und tätige Verantwortung für ganz reale Menschen, die sich in einer konkreten Notsituation befinden, übernimmt, sodass sich in ihrer Person Künstlertum und Lebensbewältigung miteinander verbinden. Der Erzähler vermittelt den Eindruck, dass die Scuderi am Schluss nicht mehr ihre Kunst, sondern den Dienst an den Menschen als ihre höchste Aufgabe ansieht. Tugendhaftigkeit, Ansehen und Beredsamkeit werden eingesetzt, um Unschuldige vor Verfolgung zu schützen.

Es sei noch einmal betont, dass in dieser Sequenz weder die Konfliktsituation der Scuderi (vgl. Sequenz III) noch ihre strukturelle Bedeutung Thema der Stunde ist.

Der arbeitsmethodische Schwerpunkt liegt auf genauer Textarbeit; das heißt, dass die Schüler systematisch und durchaus auch kleinschrittig Textmaterial zu verschiedenen Aspekten sammeln, Bezüge herstellen, Folgerungen ziehen und Bewertungen vornehmen können.

2 Unterrichtsziele

Die Schüler/innen

- erkennen, dass die Scuderi struktureller Mittelpunkt der Erzählung ist, weil bei ihr wesentliche Handlungslinien zusammenlaufen;
- erkennen, dass es neben der strukturellen eine inhaltlich-bedeutungsmäßige Funktion gibt;
- sammeln Textstellen, in denen die Scuderi beschrieben und charakterisiert wird;
- können ein Persönlichkeitsbild der Figur „zeichnen“;
- erkennen, dass sich die Wertschätzung, die die Scuderi genießt, aus ihrer Würde, ihrer Tugendhaftigkeit und ihren poetischen Fähigkeiten herleitet;
- erkennen, dass bis zur Begegnung mit Madelon die Scuderi die Welt vorrangig aus dem Blickwinkel einer höfischen Poetin sieht;
- erkennen, dass ihre galante Poesie ohne Ernsthaftigkeit ist;
- erkennen, dass die Scuderi in ihrer Naivität und Abgehobenheit leichtfertig handelt und schuldig wird;
- können aufzeigen, in welchen Handlungen sich dies manifestiert;
- erkennen, dass sie Tugendhaftigkeit und Beredsamkeit in den Dienst des Rechts stellt;
- erkennen, dass sie am Schluss den Schutz unschuldig verstrickten Lebens mit der (poetischen) Schönheit verbindet und dass sie Tugendhaftigkeit in einem umfassenden Sinn verkörpert.

3 Unterrichtsverlauf

3.1 Welche Rolle spielt die Scuderi in der Novelle?
In diesem einleitenden Gespräch geht es nicht darum, verbindliche Ergebnisse über die Figur zu formulieren, sondern darum, Meinungen auszutauschen und Arbeitshypothesen zu formulieren. Wichtig ist, dass die Schüler erfahren, dass die Figur eine strukturelle Funktion hat – von ihrem Handeln sind mehrere Menschen abhängig –, dass sie aber dadurch, dass sie sich selbst wandelt/wandeln muss, zu einer verantwortungsbewusst eingreifenden Persönlichkeit wird.

3.2 Die Schüler erhalten die Aufgabe, in Stillarbeit Textstellen zu sammeln und auszuwerten, durch die die Scuderi beschrieben und charakterisiert wird. Folgende Teilaspekte können berücksichtigt werden: vgl. Tafelbild!
Grundlage für die Auswertung sollte der Text von Beginn bis zu der Begegnung der Scuderi mit Madelon vor Cardillacs Haus (SB, S. 33/34) sein. Der zweite Teil der Novelle ist zu wenig ergiebig.

Die Übersicht könnte folgendes Aussehen haben:

Die Scuderi		
zur Person	Aussagen in der Novelle (Textstellen – sinngemäß/zitiert – mit Seitenangaben)	Anmerkungen
Alter/ Erscheinung	73 Jahre alt (SB, S. 25, Z. 5) alt und würdig, blasse Wangen (S. 24, Z. 20/21) welke Arme, verhüllter Hals (S. 30, Z. 27 – SE)	
Eigenschaften (auch Fremd- und Selbsteinschätzung = SE)	geneigt zu jeder Wohltat (S. 14, Z. 2 – Martiniere) teure Herrschaft – fromme, treue Mutter (S. 15, Z. 9/10 – Martiniere) – gutes Fräulein (S. 17, Z. 10 – Baptiste) tugendhaft und fromm, tadellos (S. 25, Z. 31/32 – SE) würdevoll (S. 26, Z. 28) Liebenswürdigkeit (S. 26, Z. 28) Anmut (S. 26, Z. 28) frommes, edles Gemüt (S. 26, Z. 36/37 – Maintenon) Tugend, hohe Verdienste (S. 30, Z. 31 – Cardillac)	
gesellschaftliche Stellung	in der Gunst Ludwig des XIV. und der Maintenon (S. 13, Z. 2/3) kleines Haus in der Straße St. Honoré (S. 13, Z. 1) verkehrt in den Zimmern der Maintenon (S. 23 ff. u. S. 26 ff.) nicht reich lässt sich in einem Tragsessel durch die Stadt tragen (S. 26, Z. 24) fährt in der Glaskutsche der Herzogin von Montansier (S. 32, Z. 4)	
Dichtkunst	anmutige Verse (S. 13, Z. 2) ritterlicher Geist (S. 24, Z. 25) mittelmäßige Verse – ein paar gut eingebundene Bücher mit vergoldetem Schnitt (S. 25, Z. 7–9 – SE) gar anmutige Verse – ergötzliches Bild – lebendige Farben: „[…], weshalb der Scuderi Gedicht für das Witzigste galt, das jemals geschrieben." (S.31, Z.38–S. 32, Z. 2)	
Leichtfertiges, schuldhaftes Verhalten	„Un amant, qui craint […]" (S. 24, Z. 23/24) törichter Leichtsinn (S. 25, Z. 29/30) „Worte, halb im Scherz hingeworfen" (S. 25, Z. 30/31) „jener unbedachtsame Scherz" (S. 26, Z. 33/34) nimmt die Begegnung mit dem dämonischen Cardillac nicht genügend ernst; verfasst hierzu anmutige Verse (S. 31, Z. 38) Sie versäumt den Besuch bei Cardillac, weil sie sich dem Kreis der Poeten verpflichtet fühlt. „Doch war es, als hätten alle schönen Geister von ganz Paris sich verabredet, gerade an dem Morgen das Fräulein mit Versen, Schauspielen, Anekdoten zu bestürmen." (S. 33, Z. 8–10)	

Fazit
Die Dichtung der Scuderi erschöpft sich im schönen Schein. Sie ist erheiternd, witzig, schön eingebunden, aber nach ihrer eigenen Einschätzung inhaltlich mittelmäßig und ohne Bezug zur Wirklichkeit. Die Scuderi erlebt die Realität vor allem als Künstlerin, sie verhält sich naiv.
Der Wunsch, witzig und originell zu sein, ihre Naivität und Leichtfertigkeit führen dazu, dass ihre Tugendhaftigkeit in Frage steht.
Sie lädt Schuld auf sich und ahnt dies auch; zum Beispiel heißt es:
„Den leisesten Schlummer störten ängstliche Träume, es war ihr, als habe sie leichtsinnig, ja strafwürdig versäumt, die Hand hülfreich zu erfassen, die der Unglückliche, in den Abgrund versinkend, nach ihr emporgestreckt, ja, als sei es an ihr gewesen, irgendeinem verderblichen Ereignis, einem heillosen Verbrechen zu steuern." (S. 33, Z. 20–24)

3.3 Wie verhält sich die Haupt- und Titelfigur nach ihrer Begegnung mit Madelon? Welche Aktivitäten entfaltet sie?
- nimmt Madelon bei sich auf und befragt sie immer wieder
- Besuch bei la Regnie
- 1. Gespräch mit Olivier
- 2. Gespräch mit Olivier
- Brief an la Regnie
- Gespräch mit dem Advokaten Pierre Arnaud d'Andilly
- erneuter Besuch bei d'Andilly, nachdem sich Graf Miossens ihr gegenüber offenbart hat; Plan zur Rettung Oliviers („[...] und so war Brussons Schicksal ganz in die Hand der Scuderi gelegt." (SB, S. 59, Z. 8/9)
- „Sie kleidete sich in eine schwarze Robe von schwerem Seidenzeug, schmückte sich mit Cardillacs köstlichem Geschmeide, hing einen langen, schwarzen Schleier über und erschien so in den Gemächern der Maintenon zur Stunde, da eben der König zugegen." (SB, S. 59, Z. 10–13)
- berichtet dem König in anschaulichster Weise

3.4 Wodurch unterscheidet sich das Verhalten der Scuderi im zweiten Teil von dem im ersten Teil?
Scuderi erkennt die reale Welt, die sie umgibt, und trägt ihr Rechnung.
Im Umfeld des Bösen und des Chaos verhält sie sich nicht mehr leichtfertig und gleichgültig, sondern setzt sich aktiv für das Gute ein.
Ihre Fähigkeiten stellt sie in den Dienst der Menschen (die „Gewalt des lebendigsten Lebens, das in der Scuderi Rede glühte" – SB, S. 59, Z. 33)
Im zweiten Teil ist nirgends mehr von ihrer Dichtkunst die Rede. Mit ihrer Beredsamkeit könnte sie – so der König – Parlamentsadvokat sein und seine „Rechtshändel ausfechten". (SB, S. 62, Z. 10)

Die Scuderi	
im 1. Teil	**im 2. Teil**
(„[...] es war ihr, als habe sie leichtsinnig, ja strafwürdig versäumt, [...]“)	
Fiktion	Realität
Dichterin	Anwältin für Recht auf Leben
Welt des schönen Scheins	lebendigstes Leben
Folgenlosigkeit	Konsequenzen
Spiel	Kampf

3.5 Welche Vorstellung von Tugendhaftigkeit legt die Novelle am Schluss nahe? Welches Künstlerideal wird propagiert?

Alternative: Interview mit der Scuderi
Wenn die genaue Textanalyse (3.2) Hausaufgabe war, könnten die Schüler zu Beginn der Stunde in zwei arbeitsgleiche Gruppen geteilt werden – in Gruppen, die befragen, und Gruppen, die antworten. Die Mitglieder der befragenden Gruppen sollten sich in die Lage der Scuderi versetzen und aus ihrer Sicht den sie befragenden Gruppen so genau wie möglich (Maßstab ist der Text) Auskunft geben können. Grundlage für das Interview ist der ganze Text. Naheliegend ist, dass die anfänglichen Fragen auf die Erhellung von Fakten zielen (z. B. Wie alt sind Sie?), dass spätere Fragen stärker die Gründe und Motivationen erforschen wollen (Warum?).
Es ist zweckmäßig, dass die Scuderi-Gruppen einen Sprecher als Scuderi bestimmen, der die Fragen beantwortet, sich aber während des Interviews bei seinen Gruppenmitgliedern Rat holen kann, dass dagegen *jedes* Gruppenmitglied auf der anderen Seite Fragen stellen darf.

4 Hausaufgabe

Lest M 1 (SB, S. 64 f.).
Wodurch unterscheidet sich nach Jahns Definition die Detektivgeschichte von der Kriminalgeschichte?
Wie erläutert Jahn seine Definition?
Welche sind die zentralen Aussagen in M 2 (SB, S. 66) und M 3 (SB, S. 68)?

Sequenz VI: Kriminal- oder Detektivgeschichte (1 Stunde)

Materialien:
- M 1 Jahn: Definition der Detektivgeschichte
- M 2 Alewyn: [*Das Fräulein von Scuderi* – ein Detektivroman]
- M 3 Feldges/Stadler: *Das Fräulein von Scuderi* – eine Detektivgeschichte?

1 Unterrichtszusammenhang

Es ist anzunehmen, dass Jugendliche – wie die meisten Erwachsenen auch – nicht zwischen Kriminal- und Detektivgeschichte unterscheiden. Diese Sequenz hat zum Ziel, den Unterschied und einige ihn konstituierende Merkmale bewusst zu machen und die Novelle *Das Fräulein von Scuderi* auf eine mögliche Zuordnung zu dem einen oder anderen Typus der Verbrechensliteratur zu überprüfen. Die in der wissenschaftlichen Literatur umstrittene Alternative, ob die Novelle eine Kriminal- oder eine Detektivgeschichte ist, kann aus der Sicht der Schule, da es sich um ein primär gattungstypologisches Problem handelt, als sinnvoller Unterrichtsgegenstand in Frage gestellt werden. Damit aber Schüler mit Hilfe dieser Alternativen und unter Berücksichtigung von Materialien einen vertieften Einblick in die Struktur der Erzählung gewinnen und dabei zum Beispiel die Rolle des Detektivs, die Beziehung des Detektivs zu seinen Gegenspielern, die Bedeutung von Raum und Zeit des/der Verbrechen(s) kennenlernen, erscheint die Frage nach dem Genre auch im Deutschunterricht durchaus legitim.

In dieser Sequenz geht es auch um die Rezeption von Sekundärliteratur. Die Schüler erarbeiten die Positionen, die in den Materialien von Jahn, Alewyn und Feldges/Stadler vertreten werden. Jahn bringt die Detektivgeschichte auf ihren einfachsten Nenner, Alewyn kommt mit Hilfe eines erweiterten Kriterienkatalogs zu dem Ergebnis, *Das Fräulein von Scuderi* sei eine Detektivgeschichte, Feldges/Stadler referieren den Forschungsstand und zeigen, dass Alewyns Befund von der Mehrzahl der Interpreten nicht geteilt wird. Bei der Bewertung der Texte muss berücksichtigt werden, dass sich die Autoren von unterschiedlichen Interessen leiten lassen bzw. unterschiedliche Ziele verfolgen.

Der Unterrichtende muss bei seiner Feinplanung besonders berücksichtigen, ob die Schüler schon einmal mit Sekundärliteratur befasst waren.

2 Unterrichtsziele

Die Schüler/innen

- unterscheiden zwischen Detektiv- und Kriminalgeschichte;
- wissen, dass die Detektivgeschichte das Ziel hat, ein Verbrechen, das vor oder zu Beginn der Handlung stattgefunden hat, aufzuklären;
- wissen, dass für die Kriminalgeschichte die Entstehung und Durchführung eines Verbrechens entscheidend sind, weniger dessen Aufdeckung;
- erkennen, dass Alewyn die Grunddefinition um folgende Elemente erweitert: Detektiv als Außenseiter, unschuldiger Verdächtiger, versperrtes Mordzimmer;
- können nachvollziehen, dass Alewyn diese Elemente in der Novelle *Das Fräulein von Scuderi* für gegeben nimmt;
- erkennen, dass Feldges/Stadler gegenteilige Ansichten referieren;

- erkennen, dass in allen drei Materialien detektorisches Erzählen bejaht wird;
- erörtern, ob *Das Fräulein von Scuderi* eine Detektiv- oder eine Kriminalerzählung ist.

3 Unterrichtsverlauf

3.1 Die Schüler tragen die Ergebnisse ihrer Hausaufgaben vor.

3.2 Unter Anleitung des Lehrers werden an der Tafel die zentralen Aussagen der Materialien festgehalten. (Vgl. S. 44)

3.3 Fazit: Wie beantworten die Autoren die Frage, ob es sich um eine Detektivgeschichte handelt?
Jahn: Das detektorische Erzählen herrscht vor.
Alewyn: Die Novelle ist eindeutig eine Detektivgeschichte.
Feldges/Stadler: Die Novelle ist keine wirkliche Detektivgeschichte. Hoffmann arbeite aber mit Mitteln und Motiven der Detektiverzählung; deshalb könne von detektorischem Erzählen gesprochen werden.

3.4 Die Schüler führen ein Streitgespräch zu der Frage, ob es sich bei *Das Fräulein von Scuderi* um eine Detektivgeschichte handelt oder nicht.

4 Hausaufgabe

Vorbemerkung: Einigkeit besteht darüber, dass die Novelle über weite Strecken wie ein Detektivroman erzählt wird. Deswegen spricht man vom detektorischen Erzählen. Zu dieser Art des Erzählens tragen nicht nur die in den Materialien genannten Elemente bei, sondern zum Beispiel auch

- Verrätselungen,
- Vorausdeutungen,
- Enträtselungen,
- auflösende Rückwendungen.

Aufgabe: Untersucht, wo und in welchem Umfang diese Elemente detektorischen Erzählens in der Novelle vorkommen.
(Der Lehrer kann den Schülern das Arbeitsblatt auf S. 45 vorlegen.)
Die Schüler entscheiden sich für eins der dort angebotenen Themen.

Jahn	Alewyn	Feldges/Stadler
Bei der Detektivgeschichte stehe – anders als bei der Kriminalgeschichte – nicht das Verbrechen als solches im Mittelpunkt, sondern „allein die Tatsache, dass es vor oder am Anfang der Geschichte steht und dass die Geschichte deshalb nicht den Vorgang des Verbrechens, sondern den Vorgang seiner Aufdeckung, seiner ‚detection' (lat. detegere = enthüllen, aufdecken, aufklären), erzählt". (SB, S. 64, Z. 11 – 14) „Die Tatsache, dass die Untat ‚im Rücken der Geschichte' liegt, dass sie ‚ein Geschehen ante rem' ist, konstituiert die Form der DG auf entscheidende Weise und macht den Unterschied zwischen ihr und der Kriminalgeschichte aus, in der Vorgeschichte, Ablauf und Folgen der Untat vor dem Leser ausgebreitet werden." (SB, S. 64, Z. 20 – 23)	Modell der Detektivgeschichte: ein rätselhafter Mord und seine Aufklärung Erweiterung 1: Aufdeckung durch Amateur, der ein Außenseiter und Exzentriker ist (nicht durch Polizei) Erweiterung 2: der „scheinbar Schuldige ist in Wirklichkeit unschuldig, der scheinbar Unschuldige ist in Wirklichkeit der Schuldige" (SB, S. 66, Z. 11/12) Erweiterung 3: das versperrte Mordzimmer Am Schluss spricht Alewyn auch von den vier Elementen. Er sieht alle vier Elemente der Detektivgeschichte in Hoffmanns Novelle realisiert: – Mordserie in Paris – Der unschuldige Olivier wird verdächtigt, weil alle Indizien gegen ihn sprechen, der schuldige Cardillac lebt das Leben eines ehrbaren Bürgers. – Alle Zeugen versichern glaubhaft, Cardillac könne seine Wohnung nicht verlassen haben. – Die Aufklärung gelingt nicht der Polizei, sondern dem Fräulein von Scuderi, einer Außenseiterin.	Sie akzeptieren Alewyns strenge Unterscheidung zwischen DG und KG. Alewyns Behauptung, *Das Fräulein von Scuderi* sei die erste deutschsprachige Detektivgeschichte, sei durchweg auf ablehnende Kritik gestoßen, weil – „die Ermittlung des Mörders mit Hilfe von Indizien und Aussagen kein zentrales Thema der Erzählung darstellt" (S. 69, Z. 31/32), – „von einer endgültigen Klärung der in der Erzählung geschilderten Ereignisse […] streng genommen nicht die Rede sein (kann)" (S. 70, Z. 3/4), – die sog. Aufklärung „keineswegs erst am Schluss (erfolgt); vielmehr […] ziemlich genau vor Beginn des letzten Drittels der Erzählung (geschieht)" (S. 70, Z. 6 – 8), – „auch die Offenlegung der Motivation, aus der heraus Cardillac seine Untaten begeht, […] keine restlose Klarheit (ergibt)" (S. 70, Z. 11/12), – es sich um eine Künstlergeschichte handele, die „zwar mit Mitteln und Motiven der Detektiverzählung (arbeite), aber das Detektivische steht nicht im Zentrum" (S. 70, Z. 16/17).
Jahn beruft sich auch auf eine Definition von Bloch. Er wiederholt Alewyns Beispiel der Erzählung vom Brudermord Kains an Abel.	Der Verfasser nennt Kriterien für das Vorliegen einer Detektivgeschichte und überprüft, ob *Das Fräulein von Scuderi* diesen Kriterien entspricht. Ziel: Beweisführung, dass die Geschichte des Detektivromans mit Hoffmanns Novelle (und nicht mit Poes Erzählung *Murders in the Rue Morgue*) beginnt	Die Verfasser nehmen die Ergebnisse Alewyns zum Ausgangspunkt und referieren, wie diese Befunde in der wissenschaftlichen Literatur bewertet werden. Ziel: Überblick über die Forschung
Definition mit Beispielen und Erläuterungen Hinweise auf Beispiele aus der Literaturgeschichte Ziel: Definition der Detektivgeschichte		

Arbeitsblatt zum Thema „Detektorisches Erzählen“

Detektorisches Erzählen		
Gruppe Mitgl.	Thema Aufgabenstellungen	Hinweise und Erläuterungen
A	**Verrätselungen** Sucht Textpassagen, in denen der Erzähler die Geschehnisse in verrätselter Form darstellt. Wie wirken die Verrätselungen auf den Leser?	Oft handelt es sich um eine Art Kette von Verrätselungen. Ihr könnt wichtige Rätsel aus dem gesamten Text aufschreiben oder einige Textstellen genauer analysieren. Eine interessante Textstelle in diesem Zusammenhang ist die dramatische Anfangsszene.
B	**Enträtselungen** Wo werden Rätsel aufgelöst? Was bewirken die jeweiligen Auflösungen? Wie werden Ursachen und ihre Wirkungen von Hoffmann dargestellt?	Es gibt Auflösungen von großer Bedeutung. Sie betreffen den Kern der Erzählung. Man kann die Auflösungen nach ihrem Umfang oder ihrer Tragweite bestimmen. Daneben gibt es weniger spektakuläre Enträtselungen. Um sie zu erkennen, müsst ihr den Text genauer lesen.
C	**Vorausdeutungen** Wo hattet ihr den Eindruck, dass der Erzähler Hinweise auf den Täter gegeben hat? Schreibt solche Hinweise heraus. Handelt es sich um zukunftsgewisse oder -ungewisse Vorausdeutungen? Was bewirken solche Vorausdeutungen?	Vorausdeutungen sind Hinweise des Erzählers oder von Figuren der Handlung auf nachfolgende Ereignisse (oft des Schlusses). Hinweise der Figuren sind immer zukunftsungewiss. Nur Hinweise des Erzählers können, müssen aber nicht zukunftsgewiss sein.

1 Unterrichtszusammenhang

Unabhängig von der Frage, ob *Das Fräulein von Scuderi* eine Detektivgeschichte darstellt oder nicht, ist es – auch in Hinblick auf zukünftige Schullektüren, aber auch für den Umgang mit Privatlektüren – interessant, der Frage nachzugehen, was denn das detektorische Erzählen ausmacht. Dabei sollten Erzählelemente berücksichtigt werden, die in den Materialien M 1 – M 3 nicht oder nur unzureichend angesprochen wurden. Die folgende Planung bezieht ein: Verrätselungen, Enträtselungen, Vorausdeutungen, auflösende Rückwendungen.
Die folgende Planung sieht vor, dass die Analyse der enträtselnden Rückwendung zum Anlass genommen werden kann, genauer zu untersuchen, wie der Erzähler mit der zeitlichen Abfolge der Ereignisse umgeht. Dadurch können die Schüler Einblick in die Struktur der Erzählung gewinnen.
Generell lässt sich sagen, dass für Hoffmanns Erzählweise kennzeichnend ist, dass er Ereignisse oder Auswirkungen von Handlungen in den Vordergrund rückt, deren Ursachen er aber nicht oder erst (viel) später mitteilt, sodass häufig das Ursache-Wirkung-Verhältnis aufgehoben oder sogar umgekehrt wird.

2 Unterrichtsziele

Die Schüler/innen
- erkennen, dass für das detektorische Erzählen die Verrätselungen kennzeichnend sind;
- können das Prinzip der Verrätselung an größeren Erzählabschnitten und an kleineren Passagen nachweisen;
- erkennen zukunftsungewisse Vorausdeutungen;
- erkennen, dass diese Vorausdeutungen auch dazu dienen, den Leser immer wieder neu in die Handlung einzubinden;
- erkennen, wie der Erzähler das Rätselhafte auflöst;
- können im Text die entscheidende „auflösende Rückwendung“ benennen;
- erkennen, dass diese Erzähltechnik (ebenso wie die Indizien) dazu dient, lange Zeit den Unschuldigen schuldig und den Schuldigen unschuldig erscheinen zu lassen.

3 Unterrichtsverlauf

3.1 Die Schüler tauschen sich innerhalb ihrer Gruppen über die Ergebnisse ihrer häuslichen Vorbereitung aus und treffen Absprachen für den Vortrag der Gruppenergebnisse.

3.2 Die Gruppen A (Thema: Verrätselungen) und B (Thema: Enträtselungen/Detektion) tragen vor und stellen ihre Ergebnisse zur Diskussion.

3.3 Denkbar sind folgende Ergebnisse (z.T. als Tafelbilder/-anschriften):

Für die Themen der Gruppen A und B

a) Ein junger Mann möchte die Scuderi sprechen und lässt ein Kästchen zurück.

Verrätselungen	Enträtselungen
Inhalt des Kästchens?	mit Juwelen besetzte Armbänder und Halsschmuck (S. 25, Z. 17/18)
Warum Angst vor Polizei?	Liebe zu Madelon, will sie schützen (S. 47 unten)
Welcher Anlass?	im Auftrag Cardillacs, der auf Seelenfrieden hofft (S. 52)
Welche Motive?	Olivier will sich offenbaren (S. 53)
Wer ist der Fremde?	Olivier ist Überbringer des Zettels = Überbringer des Kästchens (S. 13, 32, 38)

Aufbau von Spannung ↗ — Auflösung von Spannung ↓

b) Die Ermordung Cardillacs

Verrätselungen	Enträtselungen
Warum schweigt sich Olivier aus? Wie glaubwürdig sind Mad. u. Ol.? Ist Madelon Mitwisserin? Ist Olivier Mitglied der Mordbande? Ist Olivier der Mörder?	auflösende Rückwendung (S. 42–54); Aussage des Grafen Miossens (S. 56 ff.)

Aufbau von Spannung ↗ — Auflösung von Spannung ↓

c) Der erste Besuch der Scuderi im Gefängnis

„Olivier Brusson wurde gebracht. Doch sowie er in die Türe trat, sank auch die Scuderi ohnmächtig nieder. Als sie sich erholt hatte, war Olivier verschwunden. Sie verlangte mit Heftigkeit, dass man sie nach dem Wagen bringe, fort, augenblicklich fort wollte sie aus den Gemächern der frevelnden Verruchtheit. Ach! – auf den ersten Blick hatte sie in Olivier Brusson den jungen Menschen erkannt, der auf dem Pontneuf jenes Blatt ihr in den Wagen geworfen, der ihr das Kästchen mit den Juwelen gebracht hatte." (S. 39, Z. 12ff.)

Das Ereignis: Olivier tritt ein.

Verrätselung/Wirkung	Enträtselung/Ursache
Scuderi wird ohnmächtig; verlässt fluchtartig die Conciergerie.	Sie hat in Olivier den Überbringer des Zettels erkannt.

Alternative Aufgabenstellung zu c): Schreibt die Textstelle so um, dass die Chronologie der Ereignisse gewahrt ist, dass also die Verrätselung nicht eintritt.
Olivier Brusson wurde gebracht. Doch sowie er in die Tür trat, erkannte sie auf den ersten Blick in Olivier den jungen Menschen, der auf dem Pontneuf jenes Blatt in den Wagen geworfen und der ihr das Kästchen mit den Juwelen gebracht hatte. Sie sank ohnmächtig nieder. Als sie sich [...]

Für das Thema der Gruppe C
Das Äußere: – „das dicke, krause, rötliche Haupthaar und das gedrungene, gleißende Antlitz“ (S. 27, Z. 11/12) – „sein ganz besonderer Blick aus kleinen, tiefliegenden, grün funkelnden Augen hätte ihn in den Verdacht heimlicher Tücke und Bosheit bringen können“ (S. 27, Z. 13 – 15) – „hässliches Lächeln auf seinem roten Antlitz“ (S. 29, Z.17/18) Eigenschaften/Verhalten: a) Verhalten: – „einer der kunstreichsten und zugleich sonderbarsten Menschen“ (S. 27, Z. 7) – seine brennende Begierde, sein Fanatismus (S. 27, Z. 19/20) – die Tatsache, dass er für hochgeachtete Personen (König und Maintenon) nicht arbeitet (S. 28, Z. 31 – 35) – Cardillacs Verwirrung, als er der Scuderi begegnet (S. 29, Z. 10 – 13) – seine Unruhe, als die Scuderi ihm den Schmuck zurückgeben will (S. 30, Z. 28 – 33) b) Es handelt sich um sehr vage Vorausdeutungen, die nicht auf das Ende der Novelle zielen, sondern auf die Täterschaft des Cardillac abheben. Die meisten sind nur den Lesern zugedacht, einige könnten auch den handelnden Personen ein Indiz sein. Für den Leser bedeuten sie Spannung auf das Wie der Figur des Cardillac und auf das Was der Handlung, also auf eine Erklärung für das Eigenartige und Unsympathische des Goldschmieds und auf die Aufklärung, ob er der Mörder ist oder mit den Morden in Verbindung steht. Solche Vorausdeutungen, deren Aussagekraft vom Leser nur schwer einzuschätzen ist, aktivieren ihn.

Sequenz VIII: Sprachliche und erzählerische Mittel (2 Stunden)

1 Unterrichtszusammenhang

In dieser Sequenz sollen sich die Schüler mit der sprachlichen Mikrostruktur der Novelle *Das Fräulein von Scuderi* auseinandersetzen. Dazu erscheinen zwei Ansatzpunkte geeignet.

a) Man hat Hoffmanns Stil eine gewisse Formelhaftigkeit, zum Beispiel durch wiederholte Verwendung von Nomina und Adjektiven, vorgeworfen (Künzel, Horst: E.T. A. Hoffmann: Das Fräulein von Scuderi. Bamberg 1983, S. 71), die als künstlerische Schwäche verstanden werden könnte in dem Sinne, dass er nicht in der Lage sei, durch variablen Umgang mit der Sprache Personen, Handlungen oder eine Situation in der notwendigen Differenzierung darzustellen. Um zu zeigen, dass in Hoffmanns Diktion eine gewisse Formelhaftigkeit nicht zu leugnen ist, dass diese aber sehr wohl funktional ist und nicht als künstlerische Schwäche missverstanden werden darf, machen wir die epische Exposition über die Gift- und Juwelenmorde in Paris zum Gegenstand einer genaueren Sprachuntersuchung. Deren Ziel soll außerdem sein, die Schüler an der Sprache die Widerspiegelung der bekannten Inhalte nachvollziehen zu lassen, dass Paris durch die erwähnten Mordserien von einer Angstpsychose erfasst wurde, die zur Einsetzung der Chambre ardente führte, die ihrerseits wieder mehr Schrecken als Befreiung von der Angst verbreitete. An der Zusammenstellung des sprachlichen Feldes „Angst und Schrecken“ aus der epischen Exposition kann gezeigt werden, dass die Lexik Hoffmanns innerhalb der Formelhaftigkeit doch variabel ist und dass dem Dichter daran gelegen war, durch wiederholende Einprägung bestimmter Synonyme das Grundgefühl der Angst auf den Leser zu übertragen, von der ihn am Ende der Novelle das Fräulein von Scuderi durch ihr besonnenes Eintreten für Olivier und Madelon befreien wird.

b) Eine weitere detaillierte Beschäftigung mit der Mikrostruktur der Sprache soll auf die szenische Darstellung gerichtet sein. Wir lassen diese selbstverständlich an einem geschlossenen Textzusammenhang untersuchen, und zwar an jenem, in dem Desgrais dem Präsidenten la Regnie als Augenzeuge über den Mordanschlag des noch nicht identifizierten Cardillac auf den Marquis de la Fare berichtet. Ziel dieser Sprachanalyse soll es sein, die Schüler entdecken zu lassen, dass Hoffmann mit szenischen Darstellungen seiner Novelle dramatische Spannung verleiht, dass er durch die von den szenischen Partien ausgehende Spannung den Leser mitfiebern lässt und dass dieser im Sinne des aristotelischen Dramas Furcht und Mitleid empfinden soll. Darüber hinaus eignet sich die ausgewählte Textstelle für eine eingehende Sprachuntersuchung deshalb besonders, weil sie wie in einem Drama Regieanweisungen zur verbalen und zur Körpersprache Desgrais’ und la Regnies, zur Beleuchtung der Szene und zu deren akustischer Rezeption mitliefert.
Schließlich ist sie, da Cardillac, für Desgrais und für den Leser unbegreiflich, durch eine Mauer verschwindet, auch ein anschauliches Beispiel dafür, wie Hoffmann die Handlung seiner Novelle immer wieder verrätselt.

2 Unterrichtsziele

Die Schüler/innen

- erkennen, dass Hoffmann bestimmte Nomina, Adjektive und Verben, die ein sprachliches Feld bilden, formelhaft wiederholt;
- entdecken anhand der grafischen Darstellung des sprachlichen Feldes, dass die Wiederholung jedoch nicht stereotyp, sondern relativ differenziert in Form von Synonyma erfolgt;
- erkennen, dass die variable Wiederholung innerhalb des sprachlichen Feldes den Leser an der Angstpsychose in Paris teilnehmen lassen soll, die nicht nur von den Gift- und Juwelenmorden, sondern auch von der Chambre ardente ausgelöst wird;
- erkennen, dass es dem Fräulein von Scuderi als Heldin vorbehalten bleibt, Olivier und Madelon und damit auch den Leser von der Angst zu befreien;
- erfahren, dass die szenischen Darstellungen die Spannung in Hoffmanns Novelle verdichten;

- erkennen, dass sie geeignet sind, das Erzähltempo zu steigern und den Leser emotional in die Handlung hineinzuziehen;
- erarbeiten, dass der Leser wie beim aristotelischen Drama zugleich Furcht und Mitleid empfinden soll;
- entdecken, dass die szenischen Darstellungen vielfältige Regieanweisungen enthalten und zur Verrätselung der Handlung beitragen.

3 Unterrichtsverlauf

Die zwei Ansätze zur Untersuchung sprachlicher und erzählerischer Mittel können in arbeitsteiliger Gruppenarbeit verfolgt werden. Dabei empfiehlt es sich, in großen Klassen/Lerngruppen je einen Auftrag von zwei Gruppen arbeitsgleich übernehmen zu lassen.

3.1 Die Gruppe A (Thema: sprachliches Feld „Angst und Schrecken") sammelt aus der epischen Exposition alle Nomina, Adjektive und Verben, die sich den zentralen Begriffen „Angst" und „Schrecken" als Synonyma oder assoziativ zuordnen lassen.[1] Dabei ergeben sich folgende Reihen von Nomina, Adjektiven und Verben:

  - Angst, Furcht, Bestürzung, Entsetzen, Zittern und Zagen, Feigheit, Gewaltstreich, Greueltaten, Grausamkeiten, Teufel, Teufelsgestalt
  - ängstlich, geängstet, fürchtend, furchtbar, bedrohlich, erschrocken, entsetzlich, heimtückisch, garstig, grässlich, mörderisch, höllisch, teuflisch
  - einschüchtern, sich ängstigen, zittern
- Ein flüchtiger Blick reicht für die Feststellung aus, dass unter diesen Reihen die Adjektive die größte Variationsbreite aufweisen.
- Die Schüler werden nun aufgefordert, in konzentrischen Kreisen die Adjektive um die Zentralbegriffe „ängstlich" und „schrecklich" zu ordnen. Obwohl „ängstlich" und „schrecklich" nicht denselben Wortstamm haben, werden sie in den inneren Kreis geschrieben, weil sie ein und denselben sprachlichen Aspekt in Ursache und Wirkung anzeigen. In den mittleren Kreis werden jene Aspekte des sprachlichen Feldes geschrieben, die begrifflich am engsten mit dem inneren Kreis verbunden sind. Die nur assoziativ verbundenen Adjektive stehen im äußeren Kreis.

1 Wir verwenden entsprechend der Duden-Grammatik den Begriff des sprachlichen Feldes, weil er erlaubt, dass nicht nur im strengen Sinne sinnverwandte Wörter um einen Begriff gruppiert werden, sondern auch solche, die zu diesem in einer assoziativen bzw. verursachenden Beziehung stehen.

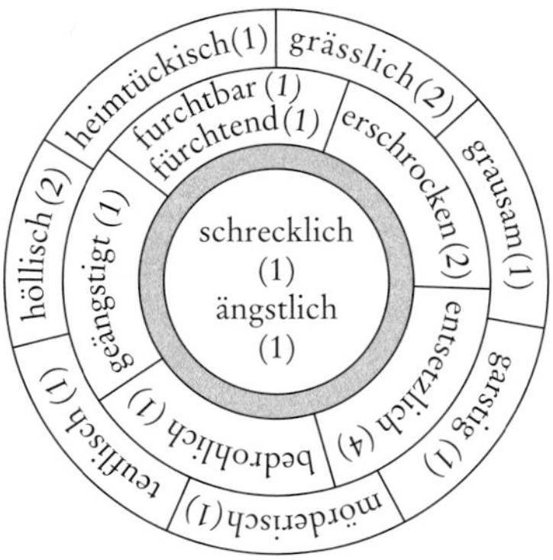

- Die Schüler sollen jedes Adjektiv mit Ziffern entsprechend der Häufigkeit seines Vorkommens versehen.
  Angesichts der Tatsache, dass nur das Adjektiv „entsetzlich" viermal erscheint, die Beiwörter „grässlich", „höllisch", „schrecklich" zweimal und alle anderen Adjektive/Adverbien in der epischen Exposition nur einmal auftreten, können sie folgern, dass man Hoffmanns sprachlicher Variationsfähigkeit nur begrenzt den Vorwurf der Formelhaftigkeit machen kann und dass es eher die Dominanz sprachlicher Felder überhaupt ist, die ihm diese Kritik eingetragen hat.
- Dennoch sollten sie mit der Frage konfrontiert werden, warum Hoffmann in der epischen Exposition das sprachliche Feld „Angst" und „Schrecken" so breit ausgefächert hat. Sie können an dieser Stelle der Unterrichtseinheit rekapitulierend zu dem Ergebnis kommen, dass die epische Exposition dazu dienen soll, den Leser emotional in das in Angst und Schrecken versetzte Paris einzubinden und dass es dem Gespür, den Nachforschungen und dem strategischen Geschick der Scuderi zu verdanken ist, dass Olivier und Madelon dem schrecklichen Zugriff der Chambre ardente entzogen werden und am Ende der Novelle die Angst durch Gnade des Königs und Enträtselung der Taten Cardillacs aufgehoben wird.

3.2 Die Gruppe(n) B (Thema: Die szenische Darstellung) befasst sich mit der Textstelle aus der epischen Exposition, in der Desgrais la Regnie mitteilt, wie ihm der mutmaßliche Juwelenmörder (Cardillac) durch die Mauer entkommen ist. Die Gruppe B kann an dieser Textstelle mit folgenden Arbeitsaufträgen die Funktion der szenischen Darstellungen exemplarisch erschließen:

- Schreibt den Wortwechsel zwischen la Regnie und Desgrais heraus, sodass er im Rollenspiel dargestellt werden kann.
- Welche „Regieanweisungen" gibt Hoffmann den Darstellern des Rollenspiels, sodass sie wissen, wie sie sich stimmlich, mimisch und in Gebärden verhalten sollen? Notiert diese Szenenanweisungen.

- Wo gibt Hoffmann für die Darstellung dieser Szene auf einer Bühne sogar Hinweise zur Beleuchtung oder zu der Umsetzung in ein Hörspiel Hilfen für Hintergrundgeräusche? Versucht diese Textstelle entsprechend den Hinweisen zum Verhalten der Sprecher und der Geräuschkulisse als Hörspielszene aufzunehmen.
- Betrachtet die Abbildungen im Schülerband auf Seite 45. Zeigt durch genauen Vergleich von Bild und Text auf, was daraus von dem Künstler umgesetzt wurde.
- Die szenischen Darstellungen Hoffmanns wirken dramatisch. Lest in einem Literaturlexikon für Schüler das Stichwort Drama. Wo drängt sich aufgrund der sprachlichen Form, des Inhalts und der beim Leser angesprochenen Gefühle der Vergleich der szenischen Darstellung mit dem Drama auf?
- Mit welcher der für Hoffmanns Stil typischen Verrätselungen entlässt die szenische Darstellung den Leser?

Sequenz IX: Schluss der Erzählung und Gesamtbetrachtung (2 Stunden)

1 Unterrichtszusammenhang

Im Schlussteil ist für Schüler verständlicherweise vor allem das Happy End interessant. Mit dieser Sequenz soll aber die Aufmerksamkeit auf Ereignisse gelenkt werden, die angesichts der lang erwarteten Lösung weniger bedeutsam erscheinen: auf die Art, wie die Scuderi agiert, wie sie zum Beispiel dem König eine bzw. mehrere Fallen stellt, um sein Interesse für den Fall und die Person des Olivier Brusson zu wecken; auf die Art und Weise, wie der König sein Recht, Gnade walten zu lassen, wahrnimmt; auf die Rolle des Volkes und schließlich auf das Verhalten der Kirche gegenüber Cardillac.
Der Scuderi ist fast jedes Mittel recht, um den König auf ihre Seite zu ziehen und so der Tugend, vor allem der Gerechtigkeit, zum Sieg zu verhelfen.
Der König übt sein Recht, begnadigen zu dürfen, keineswegs willkürlich, sondern rational und nachprüfbar, unbeeinflusst von persönlichen Sympathien bzw. Antipathien aus. Seine freundschaftlichen Gefühle zur Scuderi und die offensichtliche Zuneigung zu Madelon sind kein Grund, auf eine genaue Würdigung aller Umstände, die den Rechtsfall Olivier Brusson betreffen, zu verzichten. Erst als nachweisbar sicher ist, dass das innere Gefühl der Scuderi richtig war, erhält sie die Unterstützung des Königs.
Und auch dem vermeintlichen „Bösewicht“ Cardillac widerfährt am Ende insofern Gerechtigkeit, als die Kirche ihn als reuigen Sünder bezeichnet und so zu erkennen gibt, dass sie ihm Absolution erteilt. Vermutlich trägt sie der Tatsache Rechnung, dass Cardillac nicht schuldfähig war und dass er seine Taten bereute, wenn er sich nicht im Zustand geistiger Verwirrung befand.
Aufs Ganze der Erzählung gesehen, bedeutet der Schluss, dass sich die Tugend durchsetzt; dadurch, dass der Monarch für die Scuderi (und gegen die Chambre ardente) Partei ergreift, anerkennt er die Berechtigung und Notwendigkeit bestimmter sittli-

cher Normen, ja, er verhilft den Tugenden der Wahrheitsliebe und der Gerechtigkeit zu ihrer Gültigkeit. Durch die Entscheidung des Königs wird nicht nur die Liebe der Madelon zu Olivier bestätigt, sondern das Laster der Pariser Gesellschaft besiegt. Der Monarch gibt vor, welche Grundtugenden das Gemeinwesen bestimmen sollen. Dass er sich am Ende zudem in Übereinstimmung mit (nicht in Abhängigkeit von) dem Volk befindet, rundet das positive Bild eines verantwortungsbewusst und gerecht handelnden Monarchen ab.

Diese Sequenz ist deutlich zweigeteilt. Im ersten Teil können die Schüler nachvollziehen, in welchen Schritten Hoffmann die Erzählung ausklingen lässt. Hier können produktions- und handlungsorientierte Unterrichtselemente den Zugang erleichtern und für Auflockerung sorgen.

Der zweite Teil setzt sich zum Ziel, die Gesamtaussage der Erzählung zu erfassen. Er stellt erhebliche Anforderungen an das Abstraktionsvermögen der Schüler.

2 Unterrichtsziele

Die Schüler/innen erkennen,

- dass die Scuderi den Tugenden der Wahrheitsliebe und der Gerechtigkeit verpflichtet ist;
- dass sie diesen Tugenden in einer Gesellschaft, in der das Laster überhandnimmt, zur Anerkennung verhelfen will;
- dass die Scuderi auch fragwürdige Mittel einsetzt, um die Aufmerksamkeit des Königs auf die Person und den Fall des Olivier Brusson zu lenken;
- dass in den Augen der Scuderi (und des Erzählers) der gute Zweck die Mittel heiligt;
- dass die Kirche Cardillac Absolution erteilt und somit indirekt dessen Schuldunfähigkeit bestätigt und seine Reuebekenntnisse akzeptiert werden;
- dass sich der König bei seiner Entscheidung, Olivier zu begnadigen, nicht von Neigungen, sondern von überprüfbaren Fakten leiten lässt und der Wahrheit verpflichtet ist;
- dass der König anstelle der Chambre ardente Recht spricht;
- dass der König mit seiner Entscheidung zugunsten Oliviers und Madelons die von der Scuderi vertretenen sittlichen Werte als allgemeingültig anerkennt und damit das Laster in seine Schranken verweist;
- dass die Erzählung letztlich auch ein Bild vom wünschenswerten Staat und vom guten Regenten zeichnet.

3 Unterrichtsverlauf

3.1 Wie tritt die Scuderi am Ende der Erzählung auf? Sie

- legt den von Cardillac geschaffenen Schmuck an (entgegen ihrer eindeutig gegenteiligen früheren Aussage – vgl. SB, S. 31);

- schildert mit größter Beredsamkeit, wie sie die Situation nach der Ermordung des Cardillac erlebt hat;
- wirft sich dem König zu Füßen und fleht um Gnade;
- stellt dem König Madelon vor.

3.2 Vergleich ihres früheren Auftretens mit dem jetzigen. – Gründe für den Wandel?

3.3 Wie lässt der Erzähler den König agieren?
- Der König lässt sich von der Scuderi beeindrucken und erliegt fast der Faszination des Engelskindes Madelon.
- Seine Entscheidung macht er jedoch weder von der Scuderi noch von Madelon abhängig; er lässt alle Sachverhalte überprüfen; ein streng rationales Verfahren dient der Wahrheitsfindung.
- Der Gnadenakt erfolgt nicht nach subjektiven oder irrationalen Vorgaben; keinerlei Willkür.
- Der König verkörpert die Tugenden der Gerechtigkeit und Wahrhaftigkeit. Er macht wieder gut, was die Chambre ardente in seinem Namen und im Namen der Staatsgewalt zerstört hat.

3.4 Was bedeutet es, wenn der Erzähler einen Regenten, zumal einen absolutistisch herrschenden, so positiv in Szene setzt und ihn in Übereinstimmung mit dem Volk handeln lässt?

3.5 Was bedeutet es, wenn die Kirche am Schluss der Ereignisse Cardillac als reuigen Sünder bezeichnet und es zulässt, dass ein Teil des geraubten Schmucks in ihren Besitz überführt wird?
Welche Vorstellungen verbindet ihr mit den Begriffen „Sünde“ und „Reue“? Werden sie der Situation des Cardillac gerecht, sind sie dieser Figur angemessen?

Alternative: Die Schüler bilden Gruppen und entwerfen fiktive Gespräche, die zum Teil den Charakter von Interviews haben können, zwischen
a) Jugendlichen und der Scuderi über deren Motivationen und Prinzipien, aber auch über ihr früheres Verhalten;
b) dem König und Bontems, seinem vertrautesten Kammerdiener und Geschäftsträger, über die Frage, wie sich der König angesichts des Widerstands der Chambre ardente verhalten soll und wie die Haltung der Scuderi einzuschätzen ist;
c) dem Erzbischof von Paris, kirchlichen Ratgebern und dem Parlamentsadvokaten d’Andilly über das Problem, wie am besten mit den geraubten Juwelen zu verfahren sei und wie man posthum Cardillac einzuschätzen habe.

Alle Gespräche haben zum Ziel, Aufschluss über die Motivationen und die inneren Konflikte der handelnden Personen zu geben.

3.6 Durch die gesamte Erzählung hindurch finden sich Hinweise des Erzählers auf die Tugendhaftigkeit der Scuderi. Am Schluss wird diese Einschätzung nachdrücklich bestätigt („,[...] wen die Tugend selbst in Schutz nimmt, mag der nicht sicher sein vor jeder bösen Anklage, vor der Chambre ardente und allen Gerichtshöfen in der Welt!'" – SB, S. 62, Z. 11–13). In den Kreis der Tugendhaften werden Madelon und Olivier einbezogen.
Unabhängig von der Textvorlage: Was ist in eurem Verständnis Tugend? Welche Eigenschaften und Verhaltensweisen würdet ihr als Tugenden bezeichnen? Kann man den Begriff heute noch verwenden?
Mit Bezug zur Textvorlage: Worin besteht die Tugendhaftigkeit der Scuderi, Madelons und Oliviers? Welche Eigenschaften und Verhaltensweisen im Einzelnen begründen die Tugend der Scuderi? Prüft, ob sich zwischen menschlichen, künstlerischen und bürgerlichen Tugenden unterscheiden lässt.

3.7 Vergleicht den Anfang und Schluss der Novelle daraufhin, welches Gewicht innerhalb des Gemeinwesens jeweils Laster und Tugend haben, und erklärt, wodurch die Veränderungen eingetreten sind. (Vgl. S. 56)

3.8 Diskutiert, ob E.T.A. Hoffmann mit der Novelle *Das Fräulein von Scuderi* vorrangig eine Liebesgeschichte, eine Kriminalgeschichte, eine Künstlernovelle, eine gesellschaftskritische oder eine politische Erzählung geschrieben hat.

Situation des Gemeinwesens/Staats

zu Beginn der Handlung		am Ende der Handlung	
Beharrungsvermögen und Einflussnahme der Scuderi	→	König Ludwig XIV.	→

Laster | **Tugend**

Giftmorde aus Habgier

Verbrechen um ihrer selbst willen

Juwelenraubmorde

Folge: Menschen handeln nicht mehr vernünftig.

Justiz (Chambre ardente und la Regnie) versagt: willkürliche Rechtsprechung und Hinrichtungen

Das menschliche Zusammenleben ist vergiftet, ja zerstört.

Tugend | **Laster**

Unschuldsvermutungen und Glaube an das Gute werden bestätigt.

Wahrheit und Wahrhaftigkeit

Gerechtigkeit

Treue und Verlässlichkeit

Beharrungs- und Durchsetzungsvermögen (für das Gute)

Die Menschen (das Volk) stellen sich (wieder) auf die Seite der Tugendhaften.

Wiederherstellung der sittlichen Ordnung

Das Fräulein von Scuderi handelt davon, wie es einer untadeligen, zunächst völlig unpolitischen Frau, die sich als Schriftstellerin einen Namen gemacht hat und am Hofe Ludwig XIV. höchstes Ansehen genießt, gelingt, in einem Gemeinwesen die zeitweise verlorengegangene sittliche Ordnung zurückzugewinnen.

Sequenz X: Kunst und Wirklichkeit/ Das Serapiontische Prinzip (3 Stunden)

1 Unterrichtszusammenhang

Für jeden Literaturwissenschaftler sollte es eine Selbstverständlichkeit sein, *Das Fräulein von Scuderi* auch als Bestandteil der Erzählungen, die Hoffmann *Die Serapionsbrüder* betitelte, zu interpretieren. Aber jeder Lehrer sollte gewissenhaft prüfen, ob es den Aufwand lohnt, mit Schülern das komplizierte Serapiontische Prinzip zu erarbeiten, weil man die Novelle auch ohne diese dichtungstheoretischen Überlegungen deuten kann. Für die Anstrengung der ganzheitlichen Interpretation sprechen folgende Gründe:

- Das Thema „Kunst und Wirklichkeit“, von dem Dichter E.T.A. Hoffmann selbst intendiert, wird einmal exemplarisch erarbeitet, also nicht zusammenhanglos theoretisch angesetzt.
- Schüler erleben Kunst oder zumindest Fiktion immer mehr über das Fernsehen und halten nach Mac Luhan das Medium für die Botschaft, das heißt, sie unterscheiden immer weniger zwischen der Fiktion und der Wirklichkeit und erkennen nicht, dass diese jene nach eigenen Gesetzen verarbeitet. Die exemplarische Erarbeitung nach dem Serapiontischen Prinzip hebt den grundsätzlichen Unterschied zwischen Fiktion und Wirklichkeit ins Bewusstsein.
- Schülern wird bei der Auseinandersetzung mit dem Serapiontischen Prinzip deutlich, dass nach Hoffmann das fantasiegeleitete innere Schauen eines Dichters immer an die räumlichen und zeitlichen Gesetze der Außenwelt gebunden bleiben muss, wenn er nicht in Wahnsinn oder in eine philisterhafte Sicht verfallen will, die Veränderungen der Außenwelt nicht wahrnehmen will, dass Verstand und Fantasie immer im Bunde bleiben müssen, dass fantasiegeleitetes Schreiben also rationalen Gesetzen unterworfen ist.
  Sie erkennen, wie viel Hoffmann im Sinne gebundener Fantasie daran gelegen war, seine Novelle mit dem Untertitel *Erzählung aus dem Zeitalter Ludwigs des Vierzehnten* auf einem geschichtlichen Grunde zu bauen und doch ins Fantastische hinaufsteigen zu lassen.

Alle Bildungspläne und als deren Spiegelbilder Lesebücher verlangen ab dem 10. Schuljahr eine Einübung in analytisches Lesen durch die Auseinandersetzung mit gedanklichen Texten. Dafür bietet sich unter dem Stichwort „Serapiontisches Prinzip“ im Schülerband das Material M 11 von E.T.A. Hoffmann selbst (Das Serapiontische Prinzip – SB, S. 85 ff.) an.

2 Unterrichtsziele

Die Schüler/innen erarbeiten und erkennen,
- dass E.T.A. Hoffmann unter dem Thema „Das Serapiontische Prinzip“ nach dem Verhältnis von Kunst und Wirklichkeit fragt;
- dass der Dichter für Hoffmann ein Seher ist, welcher sich seines Geistes bedient, der mit der Fantasie weitgehend identisch ist;
- dass es Aufgabe des Geistes und/oder der Fantasie ist, auch das „volle“ oder „äußere“ Leben, anders ausgedrückt: die Außenwelt, zu erschauen;
- dass es bei dem geistigen Schauen auf die Erfassung der Duplizität von innerer Welt und Außenwelt ankommt;
- dass der Anstoß zu dem geistigen Schauen von der Außenwelt ausgeht und diese kontrollierte Innenwelt des Dichters hervorbringt;
- dass dieses Schauen, von der Fantasie oder dem Geist gelenkt, zu einem geistig Geschauten wird;
- dass das geistige Schauen die Wirklichkeit zwar nicht abbildet, aber sehr wohl etwas produziert, was sich wirklich begeben hat;
- dass bei dem geistigen oder inneren Schauen Verstand und Fantasie einen unlösbaren Bund eingehen;
- dass im *Fräulein von Scuderi* der geschichtliche Grund die epische Exposition über das in hysterische Angst versetzte Paris von 1680 ist;
- wodurch die Novelle über den historischen Grund hinaus ins Fantastische hinaufsteigt;
- dass das Kunstwerk, entstanden durch geistiges Schauen, den Ausdruck von Realität darstellt;
- dass das Fantastische die Außenwelt um den Bereich des Möglichen erweitert und, mit dieser konfrontiert, am Bestehenden Kritik zu üben vermag.

3 Unterrichtsverlauf

3.1 Um zu verdeutlichen, dass die Frage nach dem Verhältnis von Kunst und Wirklichkeit grundsätzlich und umfassend ist, lässt der Lehrer die Schüler berichten, anhand welcher schulischer und privater Lektüre sie sich diese Frage schon selbst gestellt haben. Es ist zu vermuten, dass die Antworten der Schüler von klassischen Abenteuerbüchern, Märchenbüchern, Kriminalgeschichten, Beispielen aus der klassischen Schullektüre, wo die Dichter den Realitäts- und Wahrheitsgehalt ihrer Erzählungen selbst betonen oder zur Diskussion stellen (wie etwa Droste-Hülshoff in *Die Judenbuche*), bis zu Beispielen aus der Science-Fiction-Literatur reichen.

3.2 Danach diskutiert die gesamte Lerngruppe darüber, ob Autoren das Recht haben, die Wirklichkeit durch Fantasie auszuschmücken, zu übersteigern oder zu ersetzen.

Es ist davon auszugehen, dass die Schüler eine Orientierung der Kunst an der Wirklichkeit einfordern und dass sie sich kritisch gegenüber jener Literatur äußern, die so weit von der Wirklichkeit entfernt sei, dass sie nicht mehr wahr wirke. Der Lehrer hat hier die Möglichkeit, die Unterscheidung von „wahr“ und „wahrscheinlich“ einzuführen.

3.3 Auf jeden Fall sollte der Lehrer in dieser Diskussion die Anregung einbringen, dass der Umfang der Orientierung an der Wirklichkeit in der Literatur oft von dem Genre/der Textsorte abhängt. Die Schüler können dann selbst finden, dass zum Beispiel dokumentarische Literatur und Reportagen sich eng an die Wirklichkeit halten müssen, während etwa Märchen oder der Science-Fiction-Literatur ein großer Spielraum für das Fantastische eingeräumt werden muss.

3.4 Auf der so geschaffenen Motivation aufbauend, liest die gesamte Lerngruppe die originalen Texte Hoffmanns zum Serapiontischen Prinzip (M 11) mit den Arbeitsanregungen des Schülerbands (SB, S. 85 ff.).

3.5 Wegen des hohen Abstraktionsgrades der in 3.4 erwähnten Texte ist die Visualisierung des Serapiontischen Prinzips durch ein Tafelbild hilfreich.

Das Serapiontische Prinzip

Dichter = Seher →

Sein Schauen ist an Raum und Zeit orientiert, erfolgt jedoch nicht nur mit dem Gehirn.

↓

bedient sich seines Geistes, seiner Fantasie
(Geist und Fantasie sind weitgehend identisch.)

↓

Geist und/oder Fantasie erschauen sowohl die innere Welt wie das „volle“ oder „äußere“ Leben (Außenwelt). Die Außenwelt ist der „Hebel“, der dieses Schauen in Bewegung setzt.

↓

Das so Erschaute wird zu einem geistig Geschauten.

inneres geistiges fantasiegeleitetes Schauen im Bunde mit dem Verstande

bildet zwar → nicht ab

Wirklichkeit (Außenwelt)

↓

produziert aber etwas, das sich wirklich begeben hat bzw. begeben haben könnte
= Literatur
= Kunst

Zusammenfassung:
Kunst (Literatur) muss innerlich geschaut sein, ist an der Wirklichkeit (Außenwelt) orientiert, ohne diese abzubilden.
Sie ist auf geschichtlichem Grund gebaut, steigt jedoch hinauf ins Fantastische.

1 Unterrichtszusammenhang

In den Materialien des Schülerbands konnten aus Platzgründen keine in sich geschlossenen Interpretationen, sondern nur Auszüge aufgenommen werden, die zeigen, wie einzelne Aspekte oder Figuren der Erzählung von einem Autor bewertet und literaturwissenschaftlich eingeordnet werden. Bei der Auswahl wurde Wert darauf gelegt, dass gut erkennbare unterschiedliche Standpunkte vertreten sind, die es den Schülern erleichtern, im Vergleich das jeweils Spezifische eines Textes zu erfassen, und die ihnen Alternativen für die Meinungsbildung anbieten.
Die Figur der Scuderi wird von Kunz (M 4, SB, S. 71) deshalb negativ beurteilt, weil sie zu substanzlos sei, um die künstlerischen Absichten E.T.A. Hoffmanns glaubhaft realisieren zu können. Ganz anders bewertet sie Klaus D. Post (M 5, SB, S. 72): Er sieht in ihr das „Urbild der lebensspendenden und lebenserhaltenden Mutter“. Beide Autoren wählen aber unterschiedliche Ausgangspunkte: Kunz beurteilt die künstlerische Funktion der Figur, Post deren moralische Bedeutung. Noch krassere Unterschiede treten bei der Bewertung des Cardillac in den Textauszügen von Thalmann (M 6, SB, S. 73 ff.) und Reinert (M 7, SB, S. 75 f.) zutage. Marianne Thalmann spricht in einer sentenzartigen auf Pointen abzielenden Sprache – bei geringer Berücksichtigung des Originaltextes – von der alles verzehrenden Meisterschaft des Cardillac, die sie dem angeblichen Philistertum des Olivier gegenüberstellt, während Claus Reinert die Zerrissenheit des Goldschmieds und dessen Vereinnahmung durch das Böse schlechthin betont und damit viel näher an der Textvorlage bleibt. In den beiden abschließenden Textauszügen äußern sich Autoren umfassender zu allgemeinen Problemen der Novelle *Das Fräulein von Scuderi.* Horst Conrads Beitrag (M 8, SB, S. 77 ff.) könnte auch den Texten, die sich mit der Frage des detektorischen Erzählens auseinandersetzen, zugeordnet werden. Conrad vertritt die Auffassung, dass die Erzählung auf das Pathologische des Verbrechens abhebt und das Versagen rationaler Aufklärungsmethoden zum Ausdruck bringt. Das Irrationale der Fiktion werde beglaubigt durch die Verknüpfung mit realen historischen Ereignissen. Winfried Freund (M 9, SB, S. 80 ff.) leitet seine Interpretation der Novelle aus Hoffmanns Biografie ab. Er verknüpft die historischen Ereignisse und Strömungen der ersten beiden Jahrzehnte des 19. Jahrhunderts sowohl mit Hoffmanns Biografie, besonders mit seiner Mitgliedschaft in der Immediats-Commission zur Demagogenverfolgung in Preußen, als auch mit dem Stoff und der Handlung des *Fräulein von Scuderi.* Hoffmann habe die Unmenschlichkeit der Rechtsprechung, ihre Rückständigkeit und den fehlenden Rechtsschutz des Einzelnen vor der Willkür der Polizeiorgane – auch der preußischen – anprangern wollen. Der Scuderi falle die Aufgabe zu, die moralische Verfassung und das Menschliche zur Geltung zu bringen.

THEMENVORSCHLÄGE FUR KLASSENARBEITEN/KLAUSUREN

- Stellt den Aufbau des *Fräulein von Scuderi*, wahlweise auch in einer Skizze, dar, und verteidigt die Erzählung gegen den Vorwurf, unnötig kompliziert und verschachtelt erzählt worden zu sein.
- Fasst kurz zusammen, was Hoffmann in der epischen Exposition mitteilt. Welche Aufgabe hat dieser Erzählteil für die Novelle selbst? Stellt einen Zusammenhang zwischen der Tätigkeit Hoffmanns in Preußen und der epischen Exposition her.
- Wodurch geraten Olivier, die Scuderi und Cardillac in Konflikte? Stellt die Konfliktsituationen jeder dieser drei Personen dar.
- Welche Bedeutung haben Goldschmiedehandwerk und Künstlertum für Cardillac? Stellt die Tragik Cardillacs dar. Berücksichtigt dabei die Schwangerschaft seiner Mutter.
- Stellt dar, wie sich die Scuderi im Laufe der Erzählung wandelt und was sie an deren Ende verkörpert.
- Das Fräulein von Scuderi ist eine substanzlose Figur, deren Darstellung bisweilen ans Alberne grenzt. Verteidigt diese These oder widersprecht ihr. Beide Argumentationen müssen anhand des Textes von Hoffmann geführt werden.
- Erörtert, inwieweit *Das Fräulein von Scuderi* eine Detektiv- oder eine Kriminalerzählung ist. Weshalb bietet sich die Formulierung „detektorisches Erzählen“ als Kompromiss an?
- Untersucht anhand des Textes, welche stilistischen Mittel Hoffmann für das detektorische Erzählen verwendet. Welche Funktion haben diese?
- Welche Aufgaben haben die formelhaften Wiederholungen und die szenischen Darstellungen in der Erzählung *Das Fräulein von Scuderi*?
- Welche Bedeutung haben die Scuderi, der König und Cardillac am Schluss der Novelle?
- Weshalb ist *Das Fräulein von Scuderi* mehr als eine Liebesgeschichte mit Happy End?
- Erläutern Sie anhand vorliegender Originaltexte von Hoffmann, was dieser unter dem Serapiontischen Prinzip versteht.

AUSGEWÄHLTE SEKUNDÄRLITERATUR

Alewyn, Richard: Ursprung des Detektivromans. – In: R.A.: Probleme und Gestalten. Essays. Frankfurt 1974, S. 341 – 360

Besse, Marianne: E.T.A. Hoffmann. Leipzig 1986

Conrad, Horst: Die literarische Angst. Das Schreckliche in Schauerromantik und Detektivgeschichte. Düsseldorf 1974

Feldges, Brigitte/Stadler, Ulrich: E.T.A. Hoffmann. Epoche – Werk – Wirkung. München 1986

Fingerhut, Margret/Fingerhut, Karl-Heinz: Zwischen Romantik und Realismus. E.T.A. Hoffmann: *Das Fräulein von Scuderi*. Stuttgart 1980

Freund, Winfried: E.T.A. Hoffmann: Das Fräulein von Scuderi. – In: W.F.: Die deutsche Kriminalnovelle von Schiller bis Hauptmann. Paderborn [u.a.] ^{2}1980, S. 43 – 53

Gorski, Gisela: Das Fräulein von Scuderi als Detektivgeschichte. – In: Mitteilungen der E.-T.-A.-Hoffmann-Gesellschaft, 27. Heft (1981), S. 1 – 15

Günzel, Klaus: E.T.A. Hoffmann. Leben und Werk in Briefen, Selbstzeugnissen und Zeitdokumenten. Berlin 1979

Helmke, Ulrich: E.T.A. Hoffmann. Lebensbericht mit Bildern und Dokumenten. Kassel 1975

Himmel, Helmut: Geschichte der deutschen Novelle. München 1963

Hoffmann, Alfred: E.T.A. Hoffmann. Leben und Werk eines preußischen Richters. Baden-Baden 1990

Kanzog, Klaus: E.T.A. Hoffmanns Erzählung *Das Fräulein von Scuderi* als Kriminalgeschichte. In: Mitteilungen der E.-T.-A.-Hoffmann-Gesellschaft, 11. Heft (1964), S. 1 – 11

Köhn, Lothar: Vieldeutige Welt. Studien zur Struktur der Erzählungen E.T.A. Hoffmanns und zur Entwicklung seines Werkes. Tübingen 1966

Künzel, Horst (Hrsg.): E.T.A. Hoffmann: Das Fräulein von Scuderi. Bamberg 1983

Kunz, Josef: Die deutsche Novelle zwischen Klassik und Romantik. Berlin ^{3}1992

Magris, Claudio: Die andere Vernunft. E.T.A. Hoffmann. Königstein/Ts 1980

Mayer, Hans: Die Wirklichkeit E.T.A. Hoffmanns. – In: H.M.: Von Lessing bis Thomas Mann. Wandlungen der bürgerlichen Literatur in Deutschland. Pfullingen 1959, S. 198 – 246

Pikulik, Lothar: Das Verbrechen aus Obsession. E.T.A. Hoffmann: „Das Fräulein von Scuderi". In: Winfried Freund (Hrsg.): Deutsche Novellen. München [u. a.] ^{2}1998

Post, Klaus D.: Kriminalgeschichte als Heilsgeschichte. – In: Zeitschrift für deutsche Philologie 95/1976

Reinert, Claus: Das Unheimliche und die Detektivliteratur. Entwurf einer poetologischen Theorie über Entstehung, Entfaltung und Problematik der Detektivliteratur. Bonn 1973

Riemer, Elke: E.T.A. Hoffmann und seine Illustratoren. Hildesheim 1976

Roters, Eberhard: E.T.A. Hoffmann. Berlin [o.J.]

Schönhaar, Rainer F.: Novelle und Kriminalschema. Marburg 1965

Scholz, Ingeborg: E.T.A. Hoffmann: Das Fräulein von Scuderi/Der goldene Topf. Hollfeld ^{5}2001

Schwanenberger, Joachim: E.T.A. Hoffmann – Ideal und Wirklichkeit. Zur Rekonstruktion seiner Vorstellungswelt. Frankfurt/Main 1990

Steinecke, Hartmut (Hrsg.): E.T.A. Hoffmann. Darmstadt 2006

Thalmann, Marianne: E.T.A. Hoffmanns „Fräulein von Scuderi". – In: M. Th.: Romantik in kritischer Perspektive. Heidelberg 1976

Vogt, Jochen (Hrsg.): Der Kriminalroman. Poetik – Theorie – Geschichte. München 1998

Wagner, S.: E.T.A. Hoffmann, Das Fräulein von Scuderi. – In: Pädagogisches Zentrum Rheinland-Pfalz (Hrsg.): PZ – Information 1/90. Deutsch. Produktions- und handlungsorientierter Literaturunterricht, S. 22 – 33

Wawrzyn, Lienhard: Der Automaten-Mensch. E.T.A. Hoffmanns Erzählung vom „Sandmann". Berlin 1994

Wittkop-Ménardeau, Gabrielle: E.T.A. Hoffmann mit Selbstzeugnissen und Bilddokumenten. Reinbek ^{17}2004

AUDIOVISUELLE MATERIALIEN

Das Fräulein von Scuderi. 2 Kassetten. Sprecher: Heinz von Cramer. Steinbach Sprechende Bücher 1981

Das Fräulein von Scuderi. 2 CDs. Sprecher: Heiner Heusinger. Griot 2008

Das Fräulein von Scuderi. 2 CDs. Sprecher: Michael Rotschopf. Argon 2006

Klassische Schullektüre

Herausgeber: Ekkehart Mittelberg

Georg Büchner, Dantons Tod
S: 978-3-464-12114-6 *K:* 978-3-464-12115-3

Georg Büchner, Lenz
S: 978-3-464-60598-1 *K:* 978-3-464-60599-8

Georg Büchner, Leonce und Lena
S: 978-3-464-60002-3 *K:* 978-3-464-60014-6

Georg Büchner, Woyzeck
S: 978-3-454-52050-8 *K:* 978-3-454-52060-7

Adelbert von Chamisso
Peter Schlemihls wundersame Geschichte
S: 978-3-454-52190-1 *K:* 978-3-454-52195-6

Annette von Droste-Hülshoff
Die Judenbuche
S: 978-3-464-52208-0 *K:* 978-3-464-52209-7

Günter Eich, Träume
S: 978-3-464-12130-6 *K:* 978-3-464-12131-3

Theodor Fontane, Unterm Birnbaum
S: 978-3-454-52090-4 *K:* 978-3-454-52095-9

Max Frisch
Herr Biedermann und die Brandstifter
S: 978-3-464-60104-4 *K:* 978-3-464-60105-1

Johann Wolfgang Goethe, Faust I
S: 978-3-464-52203-5 *K:* 978-3-464-52204-2

Johann Wolfgang Goethe
Götz von Berlichingen
S: 978-3-464-12132-0 *K:* 978-3-464-12133-7

Johann Wolfgang Goethe
Iphigenie auf Tauris
S: 978-3-464-12148-1 *K:* 978-3-464-12149-8

Johann Wolfgang Goethe
Die Leiden des jungen Werthers
S: 978-3-464-12118-4 *K:* 978-3-464-12119-1

Gerhart Hauptmann
Bahnwärter Thiel
S: 978-3-454-52200-7 *K:* 978-3-454-52205-2

Gerhart Hauptmann, Der Biberpelz
S: 978-3-454-52070-6 *K:* 978-3-454-52080-5

Gerhart Hauptmann, Die Weber
S: 978-3-464-12122-1 *K:* 978-3-464-12123-8

Friedrich Hebbel, Maria Magdalena
S: 978-3-464-60600-1 *K:* 978-3-464-60605-6

E. T. A. Hoffmann
Das Fräulein von Scuderi
S: 978-3-464-12124-5 *K:* 978-3-464-12126-9

E. T. A. Hoffmann, Der Sandmann
S: 978-3-464-60636-0 *K:* 978-3-464-60637-7

Henrik Ibsen
Nora oder Ein Puppenheim
S: 978-3-464-12110-8 *K:* 978-3-464-12111-5

Franz Kafka
Erzählungen und andere Prosa
S: 978-3-464-60103-7 *K:* 978-3-464-60102-0

Franz Kafka, Die Verwandlung
S: 978-3-464-12116-0 *K:* 978-3-464-12117-7

Gottfried Keller
Kleider machen Leute
S: 978-3-454-52030-0 *K:* 978-3-454-52040-9

Gottfried Keller
Romeo und Julia auf dem Dorfe
S: 978-3-464-12134-4 *K:* 978-3-464-12135-1

S = ISBN Schülerband, *K* = ISBN Unterrichtskommentar

Heinrich von Kleist
Das Erdbeben in Chili
Die Verlobung in St. Domingo
S: 978-3-464-12120-7 *K:* 978-3-464-12121-4

Heinrich von Kleist
Michael Kohlhaas
S: 978-3-454-52120-8 *K:* 978-3-454-52125-3

Heinrich von Kleist
Der zerbrochne Krug
S: 978-3-464-60147-1 *K:* 978-3-464-60148-8

Siegfried Lenz, Das Feuerschiff
S: 978-3-464-12144-3 *K:* 978-3-464-12145-0

Gotthold Ephraim Lessing
Emilia Galotti
S: 978-3-464-60965-1 *K:* 978-3-464-60966-8

Gotthold Ephraim Lessing
Minna von Barnhelm oder
Das Soldatenglück
S: 978-3-454-52100-0 *K:* 978-3-454-52105-5

Gotthold Ephraim Lessing
Nathan der Weise
S: 978-3-464-12136-8 *K:* 978-3-464-12137-5

Friedrich Schiller, Die Räuber
S: 978-3-464-12138-2 *K:* 978-3-464-12139-9

Friedrich Schiller, Don Karlos
S: 978-3-464-60576-9 *K:* 978-3-464-60592-9

Friedrich Schiller, Kabale und Liebe
S: 978-3-454-52130-7 *K:* 978-3-454-52135-2

Friedrich Schiller, Maria Stuart
S: 978-3-464-60058-0 *K:* 978-3-464-61447-1

Friedrich Schiller, Wilhelm Tell
S: 978-3-454-52210-6 *K:* 978-3-454-52215-1

Sophokles, Antigone
S: 978-3-464-60139-6 *K:* 978-3-464-60140-2

Sophokles, König Ödipus
S: 978-3-464-60608-7 *K:* 978-3-464-60635-3

Theodor Storm, Pole Poppenspäler
S: 978-3-464-12125-2 *K:* 978-3-464-12127-6

Theodor Storm, Der Schimmelreiter
S: 978-3-454-52010-2 *K:* 978-3-454-52020-1

Frank Wedekind
Frühlings Erwachen
S: 978-3-464-52201-1 *K:* 978-3-464-52202-8

Hauptsache ICH
Erzählprosa nach 1990
S: 978-3-464-60145-7 *K:* 978-3-464-60146-4

Klassische und moderne
Horrorgeschichten
S: 978-3-464-60151-8 *K:* 978-3-464-60152-5

Klassische und moderne
Kriminalgeschichten
S: 978-3-464-52230-1 *K:* 978-3-464-52231-8

Klassische und moderne
Kurzgeschichten
S: 978-3-454-52180-2 *K:* 978-3-454-52185-7

Klassische und moderne Kurzprosa
S: 978-3-464-52232-5 *K:* 978-3-464-52233-2

Kommt uns nicht mit Fertigem
Politische Lyrik aus
zwei Jahrhunderten
S: 978-3-464-60157-0 *K:* 978-3-464-60158-7

Romantik
S: 978-3-464-12128-3 *K:* 978-3-464-12129-0

Sturm und Drang
S: 978-3-464-12112-2 *K:* 978-3-464-12113-9

Vom Umgang mit dem Schrecken
Literarische Texte und Materialien
zum Terrorismus
S: 978-3-464-60141-9 *K:* 978-3-464-60142-6